DROIT ROMAIN

LE LOUAGE DE SERVICES

DROIT FRANÇAIS

LE SALAIRE ET LE COLLECTIVISME

THÈSE POUR LE DOCTORAT

PAR

JEAN ADNET

AVOCAT A LA COUR D'APPEL

PARIS

LIBRAIRIE NOUVELLE DE DROIT ET DE JURISPRUDENCE

ARTHUR ROUSSEAU, ÉDITEUR

14, RUE SOUFFLOT ET RUE TOULLIER, 13

1892

THÈSE

POUR LE DOCTORAT

DROIT ROMAIN

LE LOUAGE DE SERVICES

DROIT FRANÇAIS

LE SALAIRE ET LE COLLECTIVISME

THÈSE POUR LE DOCTORAT

L'ACTE PUBLIC SUR LES MATIÈRES CI-APRÈS

Sera soutenu le Mardi 19 Janvier 1892, à 1 heure du soir

PAR

Jean ADNET

AVOCAT A LA COUR D'APPEL

Président : M. ALGLAVE,

Suffragants : MM. CHAVEGRIN, MASSIGLI, WEISS, *Agrégés.*

PARIS

LIBRAIRIE NOUVELLE DE DROIT ET DE JURISPRUDENCE

ARTHUR ROUSSEAU, ÉDITEUR

14, RUE SOUFFLOT ET RUE TOULLIER, 13

1892

DROIT ROMAIN

LE LOUAGE DE SERVICES

INTRODUCTION

Dans l'organisation économique moderne, le contrat
par lequel une personne s'engage à louer ses services à
une autre personne moyennant une certaine rémunération fournie, tantôt en argent, tantôt en nature, ce contrat, appelé louage de services, est universellement répandu.

La majorité des travailleurs ne dispose que de la force
de ses bras ou des ressources de son intelligence et de
son habileté professionnelle : aussi est-elle obligée, pour
vivre, de louer cette force ou ces ressources intellectuelles. Les conditions particulières dans lesquelles est passé
ce contrat à notre époque sont telles qu'on a proposé de
changer la dénomination propre à la convention et d'employer à l'avenir, l'expression « contrat de travail ». Nous
aurons, au cours de notre étude sur le salaire, l'occasion
d'étudier la physionomie particulière que revêt à l'heure
actuelle ce contrat.

Mais pour le moment, nous laisserons de côté cette expression très compréhensive. En dehors de son caractère de modernité, elle présente l'inconvénient d'être plutôt un terme économique qu'un terme juridique et de ne pouvoir se prêter aux exigences d'une division nécessaire quand on veut considérer sous leurs aspects propres, les deux espèces de louage que nous nous proposons d'examiner : la *locatio operis* et la *locatio operarum*.

Dans l'étude de ces deux contrats, nous réserverons donc à chacun le nom romain qu'il porte, lorsque nous passerons en revue les règles qui leur sont particulières.

Quant aux règles qui leur sont communes, nous en traiterons sous la rubrique générale : « Louage de services. Règles communes. » employant dans un sens large le terme louage de services.

Nous croyons que dans ce cas, ce sens large et plutôt économique du terme, pourra être employé sans qu'il en résulte de confusion dans l'esprit. Nous le répétons, c'est *brevitatis causa* que nous en userons et dans les hypothèses où la distinction entre les deux contrats s'imposera, nous reprendrons de suite, la terminologie romaine.

Avant d'aborder l'examen de nos contrats, jetons un rapide coup d'œil sur la place qu'a tenue à Rome le contrat de louage de services.

Il a certainement existé dès l'origine de la cité et son existence s'est prolongée, à travers des phases plus ou moins accidentées jusqu'au moment où il a pris une réelle importance dans la société.

Sous le règne de Numa, Plutarque nous montre certains ouvriers louant déjà leur travail : ce sont ceux dont les services se spécialisèrent les premiers parce que leur exercice demandait un apprentissage particulier et que le père de famille ou ses enfants ne pouvaient les pratiquer dans l'intérieur de la famille : tels, par exemple, les ouvriers en airain, les cordonniers, les teinturiers, etc.

Plus tard, le travail libre tomba en discrédit.

Les guerres nombreuses soutenues par la République et heureusement terminées, avaient jeté sur le marché, une foule d'esclaves dont le travail détrôna rapidement celui des artisans. Quand les guerres se furent ralenties, le travail libre prit un certain essor et augmenta son champ d'applications jusqu'au moment où Alexandre Sévère réglementa les corporations d'artisans et les divisa en classes bien tranchées dont on ne pouvait plus sortir après y avoir été affilié.

Il y avait trois espèces de classes : la classe des ouvriers d'État qui se composait de malfaiteurs, de condamnés et d'esclaves publics réglementés d'une façon très rigoureuse ; la classe des ouvriers chargés de la subsistance du peuple, composée de boulangers, bouchers, etc ; enfin la classe des corporations à peu près libres.

Il était absolument rare de rencontrer un ouvrier qui ne fut pas incorporé dans un collège d'artisans ; cependant le travail libre subsista dans quelques professions.

Dans l'appendice où nous traiterons de l'histoire des corporations, nous développerons ces idées ; pour le moment constatons seulement que, soit à cause de la concurrence des esclaves, soit à cause du discrédit qui entourait le travail manuel, le contrat de louage de services, à Rome, ne fut jamais bien florissant.

CHAPITRE PREMIER

DÉFINITIONS.

Règles communes à la locatio operis et à la locatio operarum.

La *locatio operis* est un contrat par lequel une personne s'engage, moyennant une certaine somme d'argent, à fournir à une autre personne un service. Dans la *locatio operarum* ce n'est plus un service, mais des services qu'on s'engage à fournir. Des exemples vont faire saisir la différence.

Il y a *locatio operis*, quand un tailleur raccommode mon habit ou quand un maître d'équitation dresse mon cheval ; l'un et l'autre donnent leurs soins à une chose ou à un animal qui m'appartient, mais qu'on le remarque bien, c'est un certain service, un service déterminé qu'ils me rendent ; les actes qu'ils accomplissent tendent à un but marqué, raccommoder mon habit, dresser mon cheval : le service sera rendu, l'*opus perfectum* et le contrat exécuté, quand le cheval sera dressé, l'habit en bon état.

Il y a, au contraire, *locatio operarum*, quand les services n'ont pas été loués, dans un but déterminé, mais bien quand ils doivent consister dans une série d'actes distincts, indépendants les uns des autres. Ainsi je loue les services, les *operæ* d'un serviteur ; je prends un jardinier pour cultiver mon jardin et je le paie à la journée.

Ce qui est *locatio operis* peut devenir *locatio operarum* et réciproquement, suivant un changement apporté dans les clauses du contrat. Le tailleur qui raccommode mon habit en vertu d'un contrat de *locatio operis,* dans notre première hypothèse, peut être rétribué en vertu d'un contrat de *locatio operarum,* dans l'hypothèse où nous aurions convenu qu'il viendrait travailler à la journée chez moi et où pendant cette journée, il aurait réparé entre autres choses, mon vêtement.

La *res* à fournir caractérise donc le contrat.

On peut rapprocher ces deux contrats des conventions où l'on convient que le travail sera payé tantôt à la journée (*locatio operarum*), tantôt à la tâche (*locatio operis*). Dans le premier, l'ouvrier loue son temps et le maître est libre de faire exécuter ce qui lui plaît pendant ce temps ; dans le second, l'ouvrier s'engage à fournir un travail donné et le contrat est exécuté, ce travail terminé. Nous connaissons à présent ce que sont respectivement la *locatio operis* et la *locatio operarum.*

Exposons, de suite, une anomalie qui se rencontre dans la terminologie employée pour désigner celui qui loue son travail et celui qui le paie, dans la *locatio operis.* Dans ce contrat, celui qui loue ses services est appelé *conductor* et celui qui les rémunère, *locator.* C'est l'inverse de ce qui se passe dans le louage de choses, la *locatio rei* et dans le louage de services, la *locatio operarum.* Dans ces deux conventions, celui qui reçoit la chose ou le service est appelé *conductor.* Dans la *locatio rei,* le bailleur, afin de permettre au preneur de jouir de la *res,* objet du contrat, le met en possession de cette chose, *locat rem,* d'où son nom de *locator.* Le *conductor,* en échange du service qui lui est rendu, par la mise en possession et la jouissance de la chose louée donne au *locator,* le prix, *merces.*

Dans la *locatio operarum,* même désignation des parties ; le domestique, qui loue ses services est appelé *locator* ; *locat operas suas* ; celui qui en profite et paie la *merces* a nom *conductor*. Comment se fait-il que dans la *locatio operis*, la terminologie soit renversée.

On peut répondre avec M. Accarias, que les Romains ont été séduits par une analogie de formes dans la *locatio rei* et la *locatio operis*.

Dans la *locatio rei*, le *locator* place sa chose aux mains du *conductor* ; de même, dans la *locatio rei*, le maître donne à l'ouvrier qui l'emporte (*conducit*), sa chose afin d'y appliquer son travail. C'est cette ressemblance purement fortuite qui a déterminé l'appellation. Dans les deux cas, celui qui se dessaisit a été appelé *locator* ; celui qui emporte la chose, *conductor* : seulement la ressemblance est toute de surface, car dans le second cas, le *locator operis*, celui qui doit jouir du service rendu et le payer ne se dessaisit que provisoirement, contrairement à la première hypothèse où le *locator* est forcé de se dessaisir d'une façon permanente pour permettre au *conductor*, à celui qui doit user de la chose, d'en jouir.

Il n'y a pas à insister plus longuement sur cette anomalie. Étudions maintenant les règles communes aux deux contrats que, *provisoirement*, nous allons désigner sous le nom de contrat de louage de services.

Caractères du louage de services.

Le louage de services est un contrat consensuel et de bonne foi.

C'est un contrat consensuel et Justinien nous le dit en terme formel aux Institutes.

« *Locatio et conductio proxima est emptioni et vendi-*

tioni : iisdemque juris regulis consistit, nam, ut, emptio et venditio, ita contrahitur, si de pretio convenerit, sic enim locatio et conductio ita contrahi intelligitur, si merces constituta sit, et competit locatori quidem, locati actio, conductori vero, conducti ».

Le contrat de louage est soumis aux mêmes règles que le contrat de vente : dès que les parties ont échangé leur consentement, dès que le *locator* a promis de rendre le service demandé et le *conductor* de payer un certain prix, en échange de ce service, il y a *locatio conductio.*

Quelquefois le prix n'est pas immédiatement fixé ; alors on peut se trouver en présence d'un contrat innomé, sanctionné par l'action *præscriptis verbis* ; c'est l'hypothèse visée aux Institutes : « *Qua de causa, si fulloni polienda curandave aut sarcinatori sarcienda vestimenta quis dederit, nulla statim mercede constituta, sed postea tantum daturus quantum inter eos convenerit, non proprie locatio et conductio contrahi intelligitur, sed eo nomine actio præscriptis verbis datur* ».

Si les parties ont convenu de s'en remettre à l'arbitrage d'un tiers, il faut appliquer les principes rencontrés lors de la vente : « *Et quæ supra diximus, si alieno arbitrio pretium permissum fuerit, eadem et de locatione et conductioné dicta esse intelligamus, si alieno arbitrio merces permissa fuerit* ».

Nous dirons donc que le louage est nul si le tiers n'a pas été désigné, lors de la convention ou si les parties se sont réservé le droit de le choisir ultérieurement.

Si le tiers désigné lors de la convention accepte sa mission, il y a contrat ; au contraire, le contrat ne se forme pas, si le tiers ne peut ou ne veut fixer le prix.

« *Si merces promissa sit generaliter, alieno arbitrio, locatio et conductio contrahi non videtur. Sin autem quanti Titius œstimaverit sub hac conditione, stare locationem ut si quidem ipse qui nominatus est, mercedem definierit ; omnimodo secundum ejus œstimationem et mercedem persolvi oporteat et conductionem ad effectum pervenire : sin autem ille vel noluerit, vel non potuerit mercedem definire, tunc pro nihilo esse conductionem, quasi nulla mercede constituta* » (L. 25, pr. DLXII, t. 2).

Le consentement est donc nécessaire et suffisant pour former le contrat ; tout au moins jusqu'à Justinien ; cet empereur apporta une dérogation aux principes. La loi 17 Code (*de fide Instrumenti*, IV, 25,) porte que lorsque les parties ont convenu de rédiger un écrit, le contrat n'est valable qu'après l'apposition de leur signature sur l'acte, et l'apposition de la signature du tabellion si l'acte est passé devant un officier public. Jusqu'à ce moment, l'acte et le contrat qu'il constate n'ont que la valeur d'un simple projet que les contractants peuvent abandonner, sans encourir aucune peine.

Conditions de validité. — Vices du consentement.

Les vices du consentement amènent l'inexistence ou la nullité de ce contrat, comme des autres conventions.

Il peut tout d'abord y avoir erreur sur l'objet ou sur la nature du contrat.

Je crois passer un contrat de louage : vous croyez conclure un contrat de vente, il n'y a pas accord de volontés, pas de contrat. De même, si vous entendez me louer tel esclave et que j'ai voulu vous louer tel autre ; il n'y a pas *consensus*, pas de convention.

Le consentement peut encore être vicié par la violence ou le dol.

Dans l'hypothèse de la violence, le contrat existe mais est annulable : la personne violentée peut exercer l'action du contrat de louage, pour obtenir soit la résolution du contrat, soit des dommages-intérêts et elle le peut grâce à la nature du contrat de louage qui est un contrat de bonne foi. C'est cette action qui est applicable quand l'auteur de la violence a été partie au contrat, a profité de ce dernier ; si l'auteur de la violence est étranger au contrat c'est l'action *quod metus causa* qu'il faut intenter contre lui.

En cas de dol, si l'auteur du dol est partie au contrat le contrat est annulable au moyen de l'action du contrat de louage. Si l'auteur du dol est étranger au contrat, la convention n'est pas annulable et la partie trompée n'a que la ressource de demander des dommages-intérêts à l'auteur du dol, au moyen de l'action *de dolo*.

Le contrat de louage de services est un contrat de bonne foi, nous l'établissons rapidement.

Dans une hypothèse prévue au Digeste (D. XXII, 58, § 1) on voit intervenir dans un litige l'estimation d'un *civis bonus*. Les clauses de ce contrat doivent donc être interprétées non, *stricto sensu*, mais *ex æquo et bono*.

**Entre quelles personnes ce contrat peut intervenir. —
Capacité des parties.**

Les principes généraux du droit, dans la matière des obligations, sont applicables. Toute personne capable de contracter est apte à passer un contrat de louage de services.

Les impubères, en cas de contrat passé par eux, pourront donc se voir condamnés à payer à celui qui a traité avec eux et exécuté le contrat, mais comme le principe est qu'ils ne peuvent empirer leur condition, s'ils peuvent la rendre meilleure, ils ne paieront que dans la mesure de l'enrichissement apporté à leur patrimoine, ce qui dans certaines hypothèses, pourra les dispenser de payer.

Si c'est l'impubère qui s'est engagé à louer ses services, il peut repousser grâce à la loi qui le protège, la demande de l'autre partie réclamant l'exécution de l'obligation et cela sans s'exposer à une condamnation à des dommages-intérêts. Son incapacité lui permet donc de ne pas accomplir ses engagements, bien qu'en sens inverse, l'autre partie soit, sur la sommation du mineur tenu de remplir les siens, à condition cependant que le mineur soit disposé à payer le prix ou à refaire un louage valable ce qui revient à dire que l'incapacité est établie dans l'intérêt exclusif de l'incapable.

Ces principes sont applicables, dans le dernier état du droit aux mineurs de vingt-cinq ans pourvus d'un curateur.

Les fils de famille pubères peuvent s'obliger et leur obligation peut être sanctionnée par l'action du contrat si le fils possède un pécule castrense ou quasi-castrense, dans le cas où le père de famille lui constitue un pécule ordinaire, les tiers qui ont contracté avec le fils ont l'action *de peculio* contre le père, ainsi que l'action *de in rem verso* dans la mesure de l'enrichissement apporté à ce dernier.

En ce qui concerne les esclaves, on rencontre un ensemble de règles intéressant.

En principe, l'esclave ne pouvait contracter, tout au moins l'esclave sans maître, *servus sine domino* (loi 36, *De stipul. serv.*, XLV, 3) : mais on permettait à celui qui avait un maître d'acquérir pour ce dernier, dont il em-

pruntait alors la capacité. Pendant longtemps, en dehors
de ce cas, l'obligation contractée par l'esclave n'eut aucun effet : on finit, cependant, par lui reconnaître une
certaine efficacité en ce sens qu'on la considéra comme
engendrant une obligation naturelle.

*Servi ex contractibus, civiliter non obligantur, sed
naturaliter obligantur et obligant.* (L. 14, *De obl. et
act.*, XLIV, 7). Les progrès du droit amenèrent une
réforme dans le sens de l'extension de la capacité de l'esclave et le préteur, suivant les diverses hypothèses permit d'intenter les actions *quod jussu, institoria* et *exercitoria.*

La nouvelle théorie consistait à tenir le maître obligé,
dans la mesure où il avait profité du contrat passé par
l'esclave ; dans les cas où l'on pouvait établir que le
dernier avait agi sur l'ordre de son maître, celui-ci était
tenu dans la mesure où il l'avait autorisé, et on déli-
vrait contre lui l'action *locati* ou *conducti quod jussu.*

Si le maître a préposé un esclave à la conduite d'un
navire, on l'a mis à la tête d'une boutique, il est tenu
dans la mesure des pouvoirs de l'esclave, et ce au moyen
des actions *locati* et *conducti, exercitoria* et *institoria.*

L'esclave a-t-il outrepassé ses pouvoirs, le maître est
toujours tenu dans la mesure de son enrichissement.

Enfin si un pécule a été constitué, le maître a été censé
autoriser l'esclave à s'obliger, jusqu'à concurrence de
la valeur du pécule et l'action *de peculio* est alors déli-
vrée. L'action *tributoria,* dans une hypothèse spéciale,
complète la série des garanties accordées aux tiers et
permet aux créanciers d'exercer leur droit de gage sur
les valeurs du fonds de commerce géré par l'esclave,
sans avoir à redouter la concurrence du maître comme
dans l'action *de peculio.*

Nous connaissons comment le contrat se forme et entre quelles personnes il peut se former ; il nous faut rechercher, à présent, quel est son objet.

Objet du louage de services.

L'objet de ce contrat, est la fourniture de service ou de services d'une part, le paiement correspondant à ce ou à ces services, d'autre part. Comme la véritable raison d'être du contrat est dans l'*opus faciendum*, dans les services cherchés et offerts, nous commencerons par étudier l'objet de l'obligation de celui qui rend le ou les services, la *res* du contrat.

Nous avons d'abord à appliquer les règles générales des stipulations.

Le service ou les services à fournir, doivent être futurs, possibles, non illicites et cette expression comprend aussi bien ce qui est contraire aux bonnes mœurs que contraire aux lois. Mais ce qui est particulier au louage de services c'est qu'une série de services est exclue et ne peut faire l'objet du contrat. Ainsi, les faits juridiques, l'affranchissement d'un esclave ou un voyage fait dans l'intérêt d'une personne qui paie pour voir faire ce voyage, ne peuvent faire l'objet d'un louage de services.

De même, les *operæ* de médecins, avocats, professeurs, nourrices ne peuvent donner lieu à ce contrat.

D'où vient que ces différentes catégories de services ne peuvent faire l'objet d'un contrat de louage.

On reconnaît généralement que l'estimation du service doit être possible pécuniairement pour que le contrat puisse se former. Et cette raison explique pourquoi l'affranchissement est exclu ; on ne peut, en effet, apprécier pécuniairement le service consistant à affranchir un esclave.

Cette raison n'est plus suffisante dans l'hypothèse
d'un voyage accompli dans l'intérêt d'une autre personne, car ici les soins donnés, la fatigue dépensée peuvent faire l'objet d'une estimation. Une nouvelle expli-
cation intervient : il faut que celui qui loue ses services
le fasse en raison d'une industrie spéciale. Ces deux
raisons sont encore insuffisantes pour nous faire comprendre pourquoi les médecins, avocats, etc., ne peuvent
louer leurs services ; il y a là services rendus par une
personne ayant une industrie spéciale et services esti-
mables en argent. Bien plus, dans le cas où les soins ont
été donnés à un esclave, le louage de services peut
intervenir.

Quel motif donner à cette anomalie, à cette exclusion
intermittente du louage de services.

L'état de celui à qui les soins sont donnés a donc une
influence sur la formation possible du contrat ?

La loi 7 § 8 (*Ad. leg. Aquil.* IX, 2) est formelle. Les
soins donnés à un esclave soit pour l'instruire, soit pour
le guérir, peuvent être l'objet d'un contrat de louage.

Pour résoudre le problème, nous croyons utile de faire
intervenir, avec M. Accarias (1), une nouvelle condition de
formation du contrat. Le louage de services a nécessairement pour objet, un fait s'appliquant à une chose corporelle. De cette façon, on s'explique pourquoi, dans le
cas de soins donnés à un esclave, il peut y avoir louage
de services et cette solution du problème écarte, en
même temps, la théorie qui expliquait, en donnant pour
motif la noblesse de la profession, pourquoi ceux qui
l'exerçaient ne pouvaient passer de contrat de louage,
la noblesse de la profession rendant inappréciables les

(1) V. Accarias. *Contrats innommés.*

services fournis. Cette théorie était doublement fausse, car au début les médecins, professeurs, etc., se recrutaient parmi les esclaves et d'un autre côté rien ne s'oppose à l'estimation des services rendus dans ces professions.

Maintenant, pourquoi les services devaient-ils s'appliquer pour qu'il y ait possibilité de louage, louage de services, ce contrat à une chose corporelle ?

On peut répondre qu'il y a peut-être là, un vestige de l'ancienne assimilation du louage de services avec le contrat type d'où il était sorti, la *locatio rei*.

C'est sur un texte de Pomponius que M. Accarias base son système. *Sabinus respondit si quam rem nobis fieri velimus (etiam) veluti statuam, vel vas aliquod, vel vestem ut nihil aliud quam pecuniam daremus, emptionem videri : nec posse ullam locationem esse, ubi corpus ipsum non detur ab eo cui id fieret : aliter atque si aream darem ubi insulam ædificares, quoniam tunc a me substantia proficiscitur.* (L. 20. *De con. temp.* XVIII, I).

Dégageons, dit M. Accarias, l'idée de ces deux jurisconsultes : « pour que le louage d'ouvrage se conçoive, » il faut absolument que l'une des parties, celle qui reçoit le service ne consistant pas en argent, fournisse à » l'autre une chose matérielle, *corpus* ou *substantia*, ce » sont les deux expressions de la loi 20 ; et il faut que » le service par elle reçu consiste en un travail exécuté » sur cette chose ».

L'expression, *a me substantia proficiscitur*, semble bien corroborer cette opinion et étant donné la manière de raisonner et le penchant à l'analogie des Romains, le système n'a rien d'invraisemblable.

De plus, nous sommes en mesure de comprendre,

grâce à la présence nécessaire de cette troisième condition dans le louage de services, la solution donnée par Justinien aux Instituts, dans une hypothèse spéciale :
« *Item quæritur, si cum aurifice Titius convenerit ut is ex auro suo certi ponderis certæque formæ annulos ei faceret et acciperet verbi gratia, aureos decem, utrum emptio et venditio contrahi videtur an locatio et conductio ? Cassius ait, materiæ quidem emptionem et venditionem contrahi, operæ autem locationem et conductionem. Sed placuit tantum emptionem et venditionem contrahi.*

Si Justinien, contrairement à Cassius proclame qu'il y a vente et non louage et vente combinés, c'est que la condition, d'une *res* et d'une *res* fournie par celui qui paie le service est nécessaire pour la formation du contrat de louage de services.

Merces.

Merces. — En échange du ou des services rendus, un prix est dû, *merces*.

La *merces* est l'objet de l'obligation de celui à qui on rend le service.

La *merces* porte un nom différent du prix, *pretium*, réservé à la vente. Elle doit réunir trois conditions : 1° consister en argent, *in numerata pecunia* ; 2° être déterminée, *certa* ; 3° sérieuse, *vera*.

La *merces* doit d'abord consister *in pecunia numerata*, être en argent. Diverses controverses se sont éle_vées sur ce point. On s'est demandé s'il y avait louage, dans le cas où, en échange d'un service rendu, il y avait don d'un objet déterminé, non dation d'une somme de monnaie ?

Si la question se posait au point de vue économique,

il n'y aurait pas lieu de douter, et nous nous trouverions en présence d'un contrat de travail, rémunéré seulement d'une façon spéciale.

Les Romains ont décidé que juridiquement, il n'y avait pas contrat de louage, car un des éléments du prix manquait, *pecunia numerata*. Le contrat de louage est un contrat où le travail, les services sont rémunérés par une somme d'argent. Si cette somme d'argent disparaît, le contrat est modifié et l'on ne se trouve plus en présence du contrat de louage.

C'est un nouveau contrat, contrat innommé *do ut facias*, consacré par l'action *præscriptis verbis*.

De même, il n'y a pas louage, dans la convention par laquelle je m'engage à travailler pendant un temps déterminé sur votre fonds et vous à travailler pendant le même temps sur le mien, ce qui s'explique, en nous supposant à chacun, une spécialité utilisable respectivement sur les terrains de l'un et de l'autre.

Les Romains voient, dans le contrat qui règle cet échange de travaux, un contrat innommé, *facio ut facias*, sanctionné par l'action *præscriptis verbis*.

Toutes ces hypothèses montrent bien la nécessité d'une *merces*, d'une *numerata pecunia*. D'ailleurs nous trouvons dans le paragraphe 2 (t. XXIII, Instit. LIII) l'obligation de cette condition.

« *Pretium autem constitui oportet, nam nulla emptio sine pretio esse potest. Sed et certum pretium esse debet* § 1.

Quod jus, cum in venditionibus nobis placuit, non est absurdum in locationibus trahere § 1. *Item pretium in numerata pecunia consistere debet* § 2 ».

Dans le paragraphe 1, nous voyons mentionnée la seconde condition du prix de la *merces* qui doit être *certa*.

Le prix doit être déterminé, sans qu'il soit absolument nécessaire que le prix ait été déterminé d'une façon ferme, lors de la conclusion du contrat.

Nous avons déjà vu que ce prix pouvait être laissé à l'arbitrage d'un tiers dès à présent désigné et que le contrat était alors formé à moins que ce tiers ne puisse, ou ne veuille plus tard remplir sa mission.

Le prix peut encore être sous-entendu. Il suffit que les parties aient été considérées comme s'en rapportant tacitement aux usages. L'usage existe par exemple, de fixer de telle façon toujours la même, le prix dans une entreprise déterminée. Si les clauses du contrat sont muettes sur le prix, on en conclura que l'usage doit être appliqué.

La troisième condition de la *merces* est qu'elle doit être *vera*.

Le prix doit être sérieux.

S'il est dérisoire, il y a donation et l'on applique les règles de la donation. Cependant on rencontre des conventions qui, bien que faites *uno nummo*, produisent les effets réels du contrat de louage : un vendeur, dans l'intervalle qui sépare la tradition du prix, loue à son acheteur la chose vendue, *uno nummo* : il y aura louage effectif, sanctionné par l'action *locati*.

Ces conventions étaient fort utiles, remarque M. Accarias, et pour leur donner une force obligatoire, on les a fait rentrer, bon gré mal gré, dans un des types consacrés par le droit civil.

Il ne faut pas non plus exagérer la portée de notre règle et exiger que, dans la réalité, les services loués et leur rémunération soient équivalents.

Les parties sont libres de rechercher à contracter réciproquement aux meilleures conditions possibles et indépendamment des difficultés d'appréciation pour le juge si l'on voulait se montrer trop ferme sur le principe, il n'y a pas de raison pour empêcher chaque contractant de chercher à faire une bonne affaire. C'est ce que Paul nous dit en termes fort clairs (loi 22, § 3, t. XIX, 2. *De locat. et cond.*).

« *Quemadmodum in emendo et vendendo naturaliter concessum est, quod pluris sit minoris emere, quod minoris sit pluris vendere, et se invicem circumscribere ; ita in locationibus quoque et conductionibus juris est* ».

CHAPITRE II

EFFETS DU CONTRAT.

Obligations du conductor dans la locatio operis.

Examinons les obligations du *conductor* dans la *locatio operis.*

Le *conductor* doit fournir le travail promis.

Il a promis de raccommoder un habit, de dresser un cheval, de défricher un champ, de construire une maison : il doit mener son œuvre à bonne fin et y consacrer les soins d'un travailleur diligent et habile dans son art.

Tout manquement aux règles de son art est considéré comme une faute et il en est responsable : « *Imperitiam culpæ adnumerandam scribit Celsus : si quis vitulos pascendos vel sarciendum quid poliendum se conduxit, culpam eum præstare debere : et quod imperitia peccavit, culpam esse : quippe, ut artifex, inquit, conduxit.*

L'ouvrage doit être accompli, le service rendu dans le temps déterminé par le contrat, ou à défaut de clause dans le contrat, dans le temps fixé par l'usage et les conditions moyennes du travail : « *Sed modus adhibendus est secundum rationem diligentis œdificatoris et temporum locorumque* » (loi 137, § 3, *De oblig.*, XLV, I).

Est-ce le *conductor* qui a été partie au contrat ou toute autre personne capable d'exécuter l'ouvrage sous la responsabilité du *conductor*, qui doit accomplir les conditions du contrat? En règle générale, pourvu que l'ouvrage soit exécuté, le *locator* n'a rien à objecter à un changement de personnes et ne peut exiger le travail effectif du *conductor*. Cependant si la personne de ce dernier a été prise spécialement en considération, c'est lui et non un autre qui doit agir et rendre le service. Si par exemple, j'ai commandé un tableau à tel peintre, il ne m'est pas indifférent que ce soit lui ou un autre qui fasse le tableau. Ici les qualités particulièrement recherchées chez le *conductor*, exigent son œuvre personnelle.

Dans les circonstances ordinaires le *conductor* peut faire exécuter l'ouvrage par une autre personne, contre laquelle il aura l'action *locati*. « *Si cui locaverim faciendum quod ego conduxeram, constabit habere me ex locato actionem* ».

Quand l'ouvrage est terminé, le *conductor* doit le présenter à l'*adprobatio* du *locator*. Jusqu'au moment ou l'ouvrage est soumis à cette *adprobatio* le *conductor* doit le surveiller, avec le plus grand soin et il répond non seulement de la faute lourde, mais même de la faute légère : sa gestion est comparée à celle d'un père de famille, considéré *in abstracto* : « *Culpa autem abest, si omnia facta sunt quæ diligentissimus quisque observaturus fuisset* ».

Une fois l'*adprobatio* donnée par le *locator*, le *conductor* est libéré de cette surveillance et le prix de son ouvrage lui est dû. Toutefois il ne faut pas que cette *adprobatio* ne soit pas surprise frauduleusement : *ex irrita est adprobatio dolo conducteris facta* (l. 24, XIX, 2), et en ce qui concerne les entrepreneurs de travaux publics, en vertu d'une constitution des empereurs Gratien, Valentinien et Théodose, ils ne sont déchargés que quinze ans après la réception de l'ouvrage.

« *Omnes quibus vel cura mandata erit operum publicarum, vel pecunia ad exstinctionem solito more credita, usque ad annos quindecim ab opere perfecto cum suis heredibus teneantur obnoxii : ita ut, si quid vitii in œdificatione intra præstitum tempus pervenerit, de eorum patrimoniis (exceptis tamen his casibus qui sunt fortuiti) reformetur* (C. 8, *De oper. public.* VIII, 12).

Obligations du locator operis.

Le *locator* doit payer le prix convenu.

Ce que nous savons des obligations du *conductor* nous permet déjà de répondre aux diverses questions que l'on peut se poser sur les dommages-intérêts dus par l'autre partie, sur le non paiement possible du *locator*, etc. Nous connaissons aussi l'existence de la formalité préalable de *l'adprobatio.*

Cette formalité précède la réception de l'ouvrage et son paiement par le *locator.*

Le maître doit donc, le service rendu, prendre connaissance de l'*opus perfectum* et payer le prix fixé. Auparavant, il a dû mettre le *conductor*, en mesure d'exécuter le contrat et lui fournir les éléments d'exécution.

L'*adprobatio* a une certaine importance au point de vue des risques et nous la retrouverons quand nous rechercherons à qui ces derniers incombent, dans notre contrat. Pour le moment c'est seulement le rôle qu'elle joue dans le paiement des prix que nous allons étudier. Dans *l'adprobatio*, le maître ou un tiers accepté par les parties, examine si l'œuvre a été exécutée comme elle devait l'être, si les règles de l'art ont été bien observées. En cas de mauvais vouloir de la part du *locator*, c'est un *vir bonus* auquel en appelle le *conductor*, qui tranche la difficulté. Ce *in bonus* pouvait être désigné par les parties ou par le magistrat, et cette désignation avait une certaine importance, si l'on se rappelle qu'en cas de non acceptation par le tiers ou d'impossibilité pour lui, de fixer le prix, il n'y avait pas formation du contrat.

L'*adprobatio* avait lieu, tantôt après l'achèvement complet du travail, tantôt après l'achèvement de certaines pièces déterminées. *Quœsitum est ; utrum factum opus aut etiam imperfectum metiri potest ? Respondit ; etiam imperfectum.*

Dans ce dernier cas, le paiement était proportionnel au travail fourni.

L'*adprobatio*, ou examen et réception de l'*opus*, nous apparaît donc comme le préliminaire indispensable de l'exécution de l'obligation du *locator operis*, du paiement du prix.

Obligations du conductor dans la locatio operarum.

De même que le *locator* dans la *locatio operis*, le *conductor* dans la *locatio operarum* doit payer le prix convenu et il doit le payer au lieu, à l'époque et de la façon fixés au contrat.

Si le *locator* refuse ses services, le *conductor* n'est naturellement pas tenu de le payer : il a même, dans ce cas, une action en dommages-intérêts contre le *conductor*.

Dans certaines hypothèses, on se demande si le *conductor* ou ceux qui le représentent sont tenus de payer le prix : il y a là des questions délicates que nous retrouverons au chapitre des risques.

Obligations du locator operarum.

Le *locator* doit fournir les services promis.

Entre deux engagements successifs du *locator*, c'est le

premier qui doit être respecté : « *In operis duobus simul locatis, convenit priori conductori ante satisfieri.* » L. 26,D. *locat. cond.*

Le second *conductor* peut demander et obtenir des dommages-intérêts dans ce cas, comme tout *conductor* en présence du mauvais vouloir du *locator* ou de son refus d'exécuter le contrat.

En droit, aucune restriction n'est apportée à la liberté de l'ouvrier : les dommages-intérêts sont la seule sanction d'une inexécution de contrat. « *Nemo potest cogi ad factum* ». C'est un adage conforme au bon sens.

On a bien prétendu, en s'appuyant sur la loi XII, § 8, *De edificiis privatis*, que, dans le dernier état du droit, les ouvriers pouvaient être contraints par des supplices à rendre les services promis. Mais il est à croire que ces prescriptions de la loi ne s'appliquaient qu'à une série d'ouvriers dont nous avons déjà parlé, les ouvriers d'Etat, recrutés parmi la lie des travailleurs et envers lesquels des mesures rigoureuses pouvaient être nécessaires.

Dans la *locatio operarum*, le *locator* est responsable de la mauvaise exécution ou de la faute commise (L. XIX, 2, 1. IX, § 5).

C'est une application d'un principe que nous avons déjà rencontré. Il nous faut maintenant insister quelque peu sur cette responsabilité des fautes commises dans l'exécution de nos deux contrats, responsabilité qui incombe tantôt au loueur de services, tantôt à celui qui les paie.

En principe, chacun est responsable, dans les contrats de bonne foi, de son dol et de sa faute lourde, *culpa lata,* et ne peut s'exonérer de leur responsabilité. La faute légère considérée, en prenant pour type un père de famille diligent, *culpa levis in abstracto*, retombe aussi, en général, à la charge de son auteur, mais les parties peuvent, en ce qui la concerne, modifier ou même supprimer, par des pactes adjoints, leur responsabilité.

Ces idées sont applicables dans l'exécution du contrat de louage de services et les fautes commises seront réparées grâce à l'action du contrat qui est une action de bonne foi.

Indépendamment des actions nées du contrat, d'autres actions sont données respectivement, et suivant les cas, aux parties. Si le *conductor operis* brise une pierre précieuse que je lui ai confiée, il peut être responsable du dommage causé et condamné, en vertu de la loi *Aquilia*.

Mais, il faut distinguer : si celui à qui j'ai donné la pierre précieuse est un joaillier que j'ai chargé d'un travail de monture, et que la pierre ait été brisée, par suite d'un défaut caché, le *conductor operis*, dans l'espèce, sera absous. Il n'était pas en son pouvoir d'éviter l'accident qui est survenu et il sera exonéré de toute responsabilité, à condition toutefois qu'il fasse la preuve que son travail était entrepris selon les règles de l'art.

« *Si calicem diatretum faciendum dedisti, siquidem fregit, damni injuria tenebitur, si vero, non imperita imperita fregit, sed rimas habebat vitiosas, potest esse excusatus. Et ideo plerumque artifices convenire solent, cum ejusmodi materiæ dantur, non periculo suo se facere ; quæ res ex locato tollit actionem et Aquiliæ* » (L. 27, § 29, *Ad. leg. Aquil.* IX, 2).

Ce passage d'Ulpien nous apprend que d'habitude, les ouvriers se déchargeaient par avance de toute responsabilité et, de cette façon, ils étaient aussi bien à l'abri de l'action du contrat que de l'action de la loi *Aquilia*.

Ces deux actions se cumulaient-elles ou se combinaient-elles simplement, de façon à réparer exactement le préjudice causé ? La question est douteuse.

Des textes semblent donner le choix entre les deux actions.

« *Proculus ait, si medicus servus imperite secuerit, vel ex locutio vel ex lege Aquilia competere actionem* ». (L. 7, § 8, *Ad leg. Aquil.*, IX, 2. Ulpien).

Il semble ressortir de ce texte que c'est seulement l'une des deux actions que l'on peut intenter, l'action du contrat ou celle de la loi Aquilia et non toutes les deux successivement. « *Si vulneraveris servum tibi locatum ejusdem vulneris nomine. Legis Aquiliæ ex locatio actio est : sed alterutra contentus actor esse debet* ». (XIX, 2, 1. 43).

Voilà qui paraît bien formel : *Alterutra contentus actor esse debet* : le demandeur doit se contenter de l'une de ces deux actions.

Cependant, la règle est qu'on peut intenter deux actions successivement lorsqu'elles n'ont pas absolument le même objet. En tant que réparation du dommage causé, nous comprenons qu'on ne puisse cumuler l'exercice de nos deux actions, mais quand elles tendent à des réparations spéciales, distinctes, nous croyons que le cumul est possible. Or l'action de la loi Aquilia qui est *pœnæ persecutoria*, en même temps que *rei persecutoria*, a pour but d'obtenir non la valeur exacte de l'objet détruit au moment où le préjudice a été causé, mais sa valeur la plus haute dans l'année ou dans les trente jours qui ont précédé le délit ; on conçoit donc que le cumul soit possible.

Dans un texte de Paul, qui est assez contradictoire on trouverait une raison de douter.

« *Si tibi commodavero vestimenta et tua ea ruperis*

*utræque actiones rei persecutionem continent et quidem
postlegis Aquiliæ actionem, utique commodati finietur :
post commodati an Aquiliæ remanèat in eo quod in re-
petione triginta dierum amplius est, dubitatur : sed se-
rius est remanere quia simplo accedit et simplo subducto
locum non habet ».* (L. 34, § 2, *in fine. De obl. et act.*
XLIV, 7).

La fin du texte renferme une contradiction et peut-
être y aurait-il lieu de la corriger.

Nous trouvons d'ailleurs, dans d'autres textes, le
cumul de l'action aquilienne et d'une action contrac-
tuelle.

« *Sed si legis Aquiliæ adversus socium ejus habuit
commodator actionem, videndum erit, ne cedere debeat,
si forte damnum dedit alter, quod hic, qui convenitur,
commodati actione farcire compellitur ; nam et si adversus ipsum habuit Aquiliæ actionem commodator,
æquissimum est, ut commodati agendo remittat actionem ; nisi forte qui dixerit, agendo eum e lege Aquilia,
hoc minus consecutum quam ex causa commodati consecutus est : quod videtur habere rationem* » (L. 7, p. 1,
DLXIII, t. IV).

Il nous est donc permis de conclure dans le sens du
cumul et dans le cas où il y a lieu à application de la loi
Aquilia, nous pouvons dire que celui qui a été lésé peut
exercer successivement les deux actions afin d'obtenir
la plus haute réparation possible du préjudice.

CHAPITRE III

Qui supporte les cas fortuits dans le louage de services ? En d'autres termes, sur qui retombe la charge d'une inexécution du contrat ?

Un événement imprévu empêche celui qui doit rendre le service ou les services d'accomplir son obligation ; celui qui paie doit-il acquitter le prix ? L'empêchement peut provenir de celui-ci ; dans ce cas le prix est-il encore dû ?

Risques dans la locatio operarum

Dans cette hypothèse se range celle où un maître meurt après avoir loué les services d'un domestique. Il a loué ces services pour une année et il meurt de suite ou quelques mois après la confection du contrat. Les héritiers vont-ils devoir les gages jusqu'à l'expiration de l'année ou seront-ils de suite libérés ?

Si le domestique n'a droit à rien, les risques lui incombent, sinon, ce sont les héritiers qui les supportent.

Les jurisconsultes ont décidé que le risque retombait sur le maître : « *Qui operas suas locavit, totius temporis mercedem accipere debet, si per eum non stetit, quominus operas præstet* » (Paul, 1. 38, D. XIX). S'il n'a pas dépendu du domestique d'accomplir ou non les services le maître doit dans tous les cas, payer la *merces*. Cependant, on apporte un certain tempérament à la règle lorsque le serviteur ou celui dont on avait loué les services a trouvé à les employer à nouveau. Dans ce cas, il n'est rémunéré que pendant le temps où il sera resté sans travail et dans la mesure du préjudice éprouvé.

« *Cum quidam exceptor operas suas locasset, deinde is qui eas conduxerat, decessisset, imperator Antoninus cum divo Severo rescripsit ad libellum exceptoris in hæc verba : cum per te non stetisse, proponas quominus locatas operas Antonio Aquilæ solveres, si eodem anno mercedes ab alio non accepisti, fidem contractus impleri æquum est* » (l. 19, § 9, D. XIX, 2).

Dans ce cas, les héritiers sont tenus, jusqu'au moment où le secrétaire d'Aquila a trouvé une place nouvelle et ce dernier doit rester à leur disposition.

Si le cas fortuit provient d'un *locator operarum*, s'il se trouve par exemple dans l'impossibilité de rendre des services, par suite de maladie, il faut distinguer entre différents cas.

Dans l'hypothèse d'une maladie grave, le serviteur n'est plus à la disposition du maître et régulièrement il ne doit plus avoir droit à la *merces*, puisqu'il n'est plus en mesure de remplir ses obligations.

Quand la maladie est de courte durée et de peu de gravité une interprétation humaine du texte de Paul permet de décider que la *merces* sera néanmoins due par le patron ici ; on ne peut pas, à proprement parler, dire que le serviteur a été complètement indisponible.

Risques dans la locatio operis.

Dans la *locatio operis*, cette solution n'est pas admissible. En effet, le *conductor operis* est payé d'après ce qu'il fournit, d'après l'ouvrage exécuté : il s'engage à accomplir une certaine œuvre, *opus*, il travaille à la tâche et le *locator* n'a à le payer que proportionnellement à la tâche, à la pièce présentée.

Si donc, par suite d'une maladie, il ne peut exécuter le contrat, la *merces*, le prix ne lui est pas dû. Une hypothèse quelque peu délicate va nous arrêter plus longtemps. Au cours des travaux, la *res* fournie par le maître vient à disparaître. L'ouvrier n'a pas encore fait procéder à l'*adprobatio* du maître : va-t-il se voir privé de la *merces*. Ou en sens inverse, la *merces* lui sera-t-elle due, en même temps que la perte de l'objet sera supportée par le propriétaire ?

Un texte prévoit la question : loi 36, D. *Loc. Cond.*

« *Opus quod aversione locatum est, donec adprobetur, conductoris, periculo est.*

« *Quod vero ita conductum est ut in pedes mensurasse præstetur, eatenus conductoris periculo est quatenus admensum non sit.*

« *Et in utraque causa nociturum locatori si per eum steterit quominus opus adprobetur vel admetiatur.*

« *Si tamen si majore opus prius interciderit quam adproberetur, locatoris periculum est, nisi si aliud actum sit : non enim amplius præstari locatori oporteat quam quod sua cura atque opera consecutus esset.* »

Le texte vise deux hypothèses bien distinctes dans l'espèce choisie. Dans l'une, l'ouvrage a été loué à forfait, *opus locatum per aversionem* : c'est un tout que l'on a eu en vue ; c'est un tout que l'ouvrier devra présenter au patron ; dans l'autre hypothèse, la prestation est divisible, l'ouvrage est entrepris en quelque sorte successivement et chaque partie achevée donne droit à une partie de la *merces*.

L'intérêt de la distinction réside dans ce que le premier cas, si l'objet vient à périr par cas fortuit, l'ouvrier n'a pas droit à la *merces* ; il la perd, comme le propriétaire perd sa chose.

L'ouvrier perd la *merces,* à moins qu'il ne prouve qu'il a exécuté son obligation et que c'est à une force majeure ou à un cas fortuit que la perte de l'objet est due.

L'*adprobatio* fixe le moment où cette preuve cesse d'être à la charge du *conductor*.

Si le maître est en retard de fournir l'*adprobatio*, l'ouvrier est déchargé du fardeau de la preuve.

Le texte, en disant que l'ouvrage jusqu'à l'*adprobatio donec adprobetur*, est aux risques du *conductor*, *conductoris periculo*, semble donc mettre le risque à la charge de ce dernier.

Et en réalité, en le déchargeant de ce risque, à condition qu'il fasse la preuve du cas fortuit ou de la force majeure, ce texte, dans son dernier paragraphe, malgré la phrase « *si tamen si majore opus prius interciderit quam adprobaretur locatoris periculum est* » ce texte fait presque incomber le risque au *conductor operis*.

La preuve sera souvent fort difficile et faute de pouvoir la faire d'une façon satisfaisante, l'ouvrier se sera privé de sa *merces*.

Il y avait deux intérêts à respecter ; celui du patron et celui de l'ouvrier : on a presque sacrifié celui de l'ouvrier, en considérant que ce serait lui qui aurait le moins de difficulté à fournir la preuve.

C'est ce qu'a soutenu M. Labbé dans son étude sur quelques difficultés relatives à la perte de la chose due, paragraphe 107.

« Voici la pensée du jurisconsulte : la perte qui survient, le travail terminé avant que l'ouvrage ne soit reçu, tombe sur la tête de l'ouvrier, il est difficile de vérifier, après la perte, si l'ouvrage était bien exécuté, la cause de destruction peut même être douteuse, la doute s'interprête contre l'ouvrier qui n'a pas encore fait examiner et approuver son ouvrage. Mais si l'ouvrier est en mesure de démontrer que la destruction provient d'une cause de force majeure et nullement d'un vice dans l'accomplissement du travail, il rejette le préjudice sur le *locator operis* et peut exiger de lui, le prix de l'ouvrage effectué.

L'ouvrier ne garantit, à celui pour le compte duquel il travaille, que le soin et l'habileté que comporte son état. Le maître ne saurait attendre du travail d'autrui un meilleur résultat que celui qu'il aurait obtenu par sa propre diligence et son labeur, la question d'habileté mise à part. Si le propriétaire d'un terrain avait acheté des matériaux et les avait édifiés lui-même, une cause fortuite, renversant son œuvre, lui aurait fait perdre et la valeur du temps et le prix des matériaux : il ne peut se plaindre d'être, dans la même circonstance, forcé de rembourser sans profit, ce que l'ouvrier a dépensé. »

Quand le maître est en retard de fournir l'*adprobatio*, on suppose que l'ouvrage était bien exécuté, et c'est au maître qu'incombe alors la preuve de la faute de l'ouvrier. Un texte nous donne explicitement cette solution.

« *Si priusquam locatori opus probaretur, si aliqua consumptum est detrimentum ad locatorem ita pertinet si tale opus fuit, ut probari deberet.* » (Livre VIII, *ex cassio*, 1. 37, *Loc. cond.*)

Il est à peine utile de dire que si la matière fournie par le *locator* renferme un vice qui entraîne sa destruction, la perte est pour celui-ci et que dans tous les cas, il doit la *merces* ; bien mieux si cette survie entraîne un préjudice pour le *conductor*, des dommages-intérêts sont dus par le *locator*.

Si rivum quem faciendum conduxeras et feceras, antequam eum probares, labes corrumpit : tuum periculum est. Paulus imo, si soli vitio id accidit, locatoris erit periculum; si operis vitio tuum erit detrimentum. (*Abeon*, 1. 2, *Loc. Cond.*)

Dans la deuxième hypothèse, nous nous trouvons en présence d'un contrat qui prévoit un ouvrage entrepris de telle façon, *ut in pedes mensuras ve præstetur*.

Ici, l'ouvrage n'est pas considéré comme un tout indivisible, il peut être exécuté par morceaux, par pièces, et après la confection de chacun de ces morceaux *l'adprobatio* intervient. Le prix, dans ce cas, est dû, aussitôt après la confection et la réception de chaque pièce.

La responsabilité des cas fortuits varie-t-elle dans notre hypothèse, est-elle différente de la responsabilité des parties, dans l'hypothèse précédemment visée et réglementée par le texte de Florentinus ?

Un paragraphe du texte répond à la question ?

Quod vera conductum est, ut in pedes mensuras se præsteturs, eatenus conductoris periculo est quatenus non sit.

Laissons d'abord de côté le cas où le *locator* est en retard de recevoir l'ouvrage, dans ce cas comme dans celui qui nous a déjà occupé, il est responsable du retard, *et in utraque causa nociturum locatori si per eum stelerit quominus opus adprobetur vel admetiatur.*

Lorsque l'ouvrage doit être fait par portions et reçu après confection de chacune de ces portions, nous constatons que les risques sont pour le *conductor* jusqu'au mesurage. Cependant cette responsabilité disparaît, si la preuve du cas fortuit peut être faite par le *conductor* :

aprèslemesurage, le *locator* est responsable ; lemesurage a donc même effet que la réception, il déplace les responsabilités.

La fin du texte : *si tamen si majore opus prius interciderit quam adprobaretur, locatoris periculum est*, rapprochée d'un autre texte de Javolenus a donné lieu à une controverse assez délicate.

Ce deuxième texte semble établir une contradiction avec ce que nous avons dit précédemment de la responsabilité des parties, dans l'ouvrage entrepris *per aversionem. Marcius domum faciendam a Flacco conduxerat deinde operis parte effecta, terræ motu concussum erat ædificium. Massurius Sabinus, si vi naturali, veluti terræ motu, hoc acciderit, Flacci esse periculum* (1.5, *ex Labeonis post.* 1. 59, D. *Loc. cond.*). Ce texte semble en contradiction avec le texte de Florentinus aux *Institutes* : car si nous considérons la maison comme un tout indivisible dont le paiement ne serait dû qu'après complet achèvement, nous avons déjà établi que jusqu'à l'*adprobatio*, la preuve du cas fortuit était à la charge du *conductor* : Le texte est formel au premier paragraphe : *opus quod aversione locatum est, donec adprobetur conductoris periculo est* ; jusqu'à l'*adprobatio* la perte est pour le *conductor* sauf toujours, la preuve de la force majeure ou du cas fortuit.

Si nous considérons que la maison dont Javolenus nous parle au Digeste, est un ouvrage entrepris *per aversionem*, il y a une contracdiction manifeste, car le texte met ici le risque à la charge du *locator*.

M. Labbé le constate. « Il semble que Flacus ait traité avec Marcius pour la construction de la maison considérée comme un tout indivisible. Une partie seulement était élevée lorsqu'un tremblement de terre a renversé l'édifice. Le jurisconsulte décide que Flacus qui n'a pourtant pas reçu ce qu'il avait commandé, c'est-à-dire, une maison, supportera le dommage et sera tenu de payer une partie du prix convenu, proportionnelle à ce qui a été exécuté.

Ainsi, le propriétaire du sol paiera la moitié, par exemple, du prix de la maison et il n'aura jamais eu en échange dans son patrimoine, une moitié de maison, car une maison construite à moitié, n'est pas une moitié de maison ; elle n'offre pas pour partie, l'utilité qu'offre une maison entière. Nous avons peine à trouver la justification de cette décision de Javolenus. Ce jurisconsulte a été, sans doute, touché de ce que les matériaux façonnés et placés sur le sol du locateur étaient devenus la propriété de ce dernier et avaient produit dans sa fortune une plus-value : *Redemptores qui suis cœmentis œdificant statim cœmentum faciunt eorum in quorum solo œdificant.* »

Nous ne voyons pas, pour notre part, ce qui peut arrêter les commentateurs dans la conciliation des textes de Javolenus.

Il a été bien établi que lorsque le cas fortuit est prouvé, les risques passent à la charge du *locator* qui doit le prix convenu, bien que l'ouvrage commandé n'ait pu entrer dans son patrimoine. Le fait de payer, sans obtenir rien en échange, est précisément ce qui constitue le fardeau du risque. L'ouvrier a travaillé, mais le résultat de son travail est annihilé par une force majeure, un cas fortuit bien démontré : va-t-on le priver de la rémunération de son travail ou le paiera-t-on, toute la question est là. Les Romains décident qu'on le paiera ; ils résolvent ainsi la question et font supporter le risque au *lo-*

cator. Les décisions de Javolenus sont en parfaite harmonie.

Objectera-t-on que cette solution n'est juste que lorsque l'*opus* entrepris *per aversionem* est complètement terminé et accepté et que le maître ne doit rien, tant que l'ouvrage n'est pas entièrement achevé et reçu ? Nous pouvons répondre que dans notre espèce nous nous trouvons en présence non d'un *opus* entrepris *per aversionem*, mais d'un *opus* entrepris *ita ut in pedes mensurasse prœstetur*.

Dès lors rien de contradictoire dans la décision de Javolenus. La *merces* est due proportionnellement aux parties de la maison déjà construites et mesurées.

Le véritable principe est que la *merces* est due quand le travail correspondant à cette *merces* a été effectué : les textes ne nous laissent pas de doute à cet égard ; une décision de Paul porte que la *merces* est due dans une hypothèse où le *conductor* avait accompli les conditions du contrat, bien qu'il n'en soit résulté aucun enrichissement pour le maître.

« *Si vehenda mancipia conduxisti, pro eo mancipio quod in nave mortuum est vectura tibi non debetur. Paulus, imo quæritur quod actum si : utrum pro his qui impositi an pro his qui deportati essent, merces daretur : quod si hoc apparere non potuerit, satis erit pro naula si probaverit impositum esse mancipium* » (1. 10 pr. *de leg. Rhodia*, XIV, 2).

Voilà un *locator* qui non seulement ne s'enrichit pas mais encore fait une perte, puisque son esclave meurt : cependant il doit le prix. Pourquoi ? parce que le *conductor* a rempli son obligation : il s'est engagé à le transporter, non à le débarquer vivant : il a exécuté le contrat, la *merces* est due. Et qu'on le remarque bien ! cela est conforme à l'équité aussi bien qu'à la lettre du contrat : le cas fortuit est un de ces événements qui frappent indistinctement et il ne serait pas juste de le faire supporter au *conductor* qui a déjà dépensé son travail et ses soins.

Si le *conductor* n'a pas accompli l'ouvrage, objet du contrat, si la *res* n'a pas été *perfecta*, il n'est en droit de rien demander. Mais rappelons que la cause de la non exécution du contrat, ne doit pas provenir d'un vice de la matière fournie par le maître car, alors l'ouvrier est en droit de réclamer le prix de son travail.

« C'est la règle consacrée par le Code civil, article 1790. Si la chose vient à périr quoique sans aucune faute de l'ouvrier, avant que l'ouvrage ait été reçu et sans que le maître fut en demeure de le vérifier, l'ouvrier n'a point de salaire à réclamer à moins que la chose n'ait péri par le vice de la matière. »

Il est assez naturel que l'ouvrier qui supporte le cas fortuit, tant que l'ouvrage n'est pas terminé et reçu par le maître, ne se voie pas privé de son salaire, quand la perte de la chose et par suite l'impossibilité de mener à bonne fin la convention provient du vice de la matière fournie par celui qui a contracté avec lui.

La solution admise par le Code civil sur la responsabilité du cas fortuit, alors que l'ouvrage n'est pas vérifié et reçu par le *locator*, cette solution est déjà consacrée dans les textes romains.

En sens inverse si le service n'a pas été complètement rendu, le *conductor* perd le temps et le travail qu'il a pu dépenser : « *Item cum quidam nave amissa vecturam, quam pro mutua acceperat repeteret ; rescriptum est ab Antonino Augusto non immerito procuratorem Cæsaris, ab eo vecturam repetere, cum munere, vehendi*

*fructus non sit. Quod in omnibus personis similiter ob-
servandum est* (l. 15, § 6, XIX, 2).

Un armateur s'est engagé à effectuer un transport par eau et, en échange, *pro mutua,* il a reçu un certain prix ; si le transport est impossible, le navire faisant naufrage, il doit restituer le prix.

Il doit restituer le prix, parce qu'il n'a pas exécuté le contrat.

En résumé, dans la *locatio operis,* tant que l'ouvrage entrepris *per aversionem* n'est pas terminé, les risques sont pour le *conductor,* sauf le cas où la chose fournie périt par le vice de la matière : quand l'ouvrage est terminé, mais non reçu, même responsabilité, sauf pour le *conductor* à faire la preuve du cas fortuit.

En ce qui concerne un ouvrage entrepris *per pedes et mensura,* les risques sont à la charge du *locator* à partir de la réception : l'*adprobatio* constate que l'ouvrage est terminé et le prix dû ; par là même, les risques incombent à l'avenir au *locator.*

Fin du louage de services.

Le louage de services finit régulièrement par l'accomplissement du service ou des services, objet du contrat, par l'expiration du temps pendant lequel ils devaient être fournis, au moins en ce qui concerne la *locatio operarum.*

Il prend fin également quand l'une des parties est dans l'impossibilité de satisfaire à son obligation : par exemple le maître meurt ou l'ouvrier devient incapable de rendre le ou les services.

Dans le cas de mort du maître, nous avons examiné la question de savoir si ses héritiers étaient tenus de remplir ses obligations. Quand le *conductor* meurt et que sa personne n'a pas été considérée d'une façon particulière dans le contrat, ses héritiers doivent remplir ses obligations, et le maître agira contre chacun d'eux *in solidum*, car l'*opus* à accomplir ne peut l'être pour partie, sauf recours de ce dernier contre ses cohéritiers.

Le contrat de louage de services pourra être rompu d'un commun accord, à l'aide d'un mutuel dissentiment. Dans l'hypothèse particulière ou la *res prœstanda* n'est pas un objet nettement déterminé, mais une certaine quantité d'une marchandise ou d'une denrée, le cas fortuit ne libère pas celui qui doit rendre le service; en effet *genera non pereunt*, et il est tenu de remplacer la matière perdue : c'est là un exemple de ce qu'on appelle la *locatio irregularis*. Et en effet, on ne peut dire qu'on se trouve en présence d'un véritable contrat de louage.

APPENDICE

L'histoire du travail libre à Rome serait curieuse à plus
d'un titre : nous avons déjà esquissé rapidement la condition des artisans depuis l'origine de Rome jusqu'au
moment où Alexandre Sévère les réglementa en grande
partie, en les classant dans les diverses corporations et
l'on a pu s'apercevoir combien la concurrence du travail
servile faillit, au moment des grandes guerres de la République, anéantir le travail libre.

Notre intention n'est pas de revenir sur cette matière,
nous voudrions seulement, dans les limites de cette
étude, jeter un coup d'œil sur les corporations d'ouvriers
dont l'origine remonte au règne de Numa Pompilius et
examiner cette organisation intéressante surtout à l'heure
actuelle où les syndicats professionnels, ces descendants
des vieilles associations ont pris tant d'importance et
exercent tous les jours une influence de plus en plus
marquée dans les rapports du capital et du travail.

Nous trouvons dans Pline, Plutarque, Florus, et Denys
d'Halicarnasse des passages relatifs aux corporations
d'artisans. Il est constant que Servius Tullius rangea
dans l'une de ses classes les ouvriers charpentiers, for-
gerons, fourbisseurs qui tenaient une grande place dans
un Etat encore peu développé et guerrier avant tout.

Ces corporations devinrent hostiles à Tarquin le Su-
perbe, comme toutes les associations le deviennent inévitablement à tout pouvoir autoritaire et il les supprima.

Elles reparurent avec la loi des Douze tables et gardè-

rent une certaine autorité et une certaine vigueur jusqu'au moment où les guerres puniques jetèrent une quantité énorme d'esclaves industrieux sur le marché. Déjà
déprécié par les Romains, qui ne goûtaient que les vertus guerrières, le travail libre se vit livrer de rudes as-
sauts par la concurrence de la main-d'œuvre servile et il
se traîna languissant pendant de longs siècles.

Les esclaves loués pour leurs talents par leurs maîtres
qui y trouvaient tout profit accaparaient à peu près tous
les métiers et nous avons eu occasion, au cours de cette
étude, de mentionner les différentes actions, *institoria
exercitoria, quod jussu* données contre le maître qui
avait établi son esclave à la tête d'un commerce, lui
avait confié un navire ou simplement même lui avait
donné ordre de traiter en son nom.

Les corporations devinrent le refuge de gens sans
aveu et d'ouvriers aigris, toujours prêts à suivre les fau-
teurs de troubles et à seconder les efforts de tribuns révolutionnaires.

La suppression momentanée des corporations suivait
toujours de près ces mouvements populaires et c'est
sous un régime de surveillance étroite que vécurent jusqu'aux Antonins les quelques corporations échappées à
la répression des consuls et plus tard des empereurs.

Sous le règne d'Alexandre Sevère, la nécessité se fit
sentir de soutenir le commerce et l'industrie qui péricli-
taient depuis la disparition progressive des esclaves.

Pour de multiples raisons, dont les principales étaient
la diminution des guerres et le progrès des mœurs et des
idées, la foule des esclaves s'était peu à peu éclaircie et
il arriva un moment où elle ne répondit même plus aux
exigences de la consommation.

L'empereur Alexandre Sévère désireux, comme ses

prédécesseurs, d'éviter les révoltes nées de la misère et de la famine, organisa à nouveau les corporations et surtout celles qui étaient composées d'ouvriers chargés d'approvisionner Rome. Le travail servile disparaissait et le travail libre allait peu à peu reprendre et même agrandir sa place dans le monde.

Les corporations furent rigoureusement réglementées : les ouvriers des manufactures de l'État et les commerçants fournisseurs des denrées nécessaires à l'alimentation de la capitale de l'Empire furent surtout l'objet de mesures particulièrement sévères, qui, à plusieurs reprises, amenèrent de sanglantes émeutes.

Nous n'avons pas à nous arrêter longuement à cette catégorie des ouvriers des manufactures de l'État qui était considérée plutôt comme une classe d'esclaves, que comme une corporation d'hommes libres. Enumérons seulement parmi les travaux qui leur étaient affectés, l'exploitation des mines, carrières et salines de l'État, la frappe des monnaies, la fabrication de vases précieux, des armes de guerre, des tissus réservés aux patriciens, la teinture des étoffes de pourpre etc.

La condition des travailleurs de cette corporation était des plus misérables et ils étaient soumis aux plus rudes châtiments : le seul avantage à eux réservé était l'exemption de la milice.

Quant aux commerçants chargés de pourvoir à la subsistance du peuple, s'ils eurent quelques privilèges appréciables, entre autres le monopole du déchargement des denrées, ils furent en revanche soumis à des règlements oppressifs qui leur enlevaient à peu près le caractère d'artisans libres.

Il était de toute nécessité, comme nous l'avons dit

quelques lignes plus haut, de pourvoir à la subsistance de la plèbe.

Panem et circenses, était le cri familier de cette foule turbulente et paresseuse qu'il fallait nourrir et amuser, sous peine de provoquer des soulèvements et, tout compte fait, les empereurs préféraient acquitter cette espèce d'impôt dont le paiement assurait leur tranquillité que d'exciter des mécontentements qu'ils n'étaient pas assurés de surmonter.

Aussi, les boulangers, bouchers, naviculaires, chargeurs, porteurs, chargés de transporter le blé et la viande, et de les transformer et préparer, étaient-ils astreints, sous la menace des peines les plus graves, à exercer leurs métiers avec exactitude et diligence. Le fils était obligé de reprendre le métier paternel et les commerçants n'étaient libres qu'après avoir trouvé un successeur.

L'exemption de la milice, la suppression des corvées et des redevances, et le droit de ne pas faire partie de la curie étaient les quelques compensations à l'asservissement où les plongeait leur profession.

Jusqu'ici nous n'avons pas rencontré de travail absolument libre. Les corporations se composent de travailleurs rivés à leur profession et l'on ne trouve pas le travail individuel agissant au mieux de ses intérêts, au gré de son libre arbitre. Ce travail individuel existe-t-il dans l'Empire romain, à l'époque où nous sommes arrivés ?

M. Levasseur, dans son ouvrage sur la « condition des classes ouvrières, en France, depuis Jules César jusqu'à la Révolution », incline vers la négative : « Cette liberté n'existe, pour ainsi dire, nulle part dans la société romaine des derniers siècles. Chacun a sa chaîne : le colon est asservi à sa terre, l'officier public à sa charge, le curial à sa cité, le marchand à sa boutique et l'ouvrier à sa corporation : nul n'a le droit de se soustraire à sa fonction et de frustrer l'État du service que sa naissance, sa fortune ou son talent lui ont imposé. S'il y a encore quelque liberté, elle appartient non pas à l'homme, mais à l'association dont il est membre et dans le cercle de laquelle est le plus souvent enfermée sa vie entière ».

La corporation, rétablie pour sauver de la ruine le commerce périclitant, a bientôt envahi toutes les professions. La supériorité de l'association sur le travailleur isolé est trop manifeste pour que celui-ci puisse lutter. Il est obligé ou de céder et d'entrer dans la corporation, ou de disparaître écrasé par une concurrence trop lourde.

Il n'entre pas dans notre intention d'examiner pour le moment le rôle joué, au point de vue économique et social, par les corporations.

Nous aurons à revenir sur ce sujet, quand nous traiterons de la nouvelle forme d'association du travail, organisée en France par la loi du 21 mars 1884.

Pour l'instant, nous voulons seulement étudier l'organisation des corporations de la société romaine des derniers siècles. Nous aurons ainsi une connaissance à peu près exacte de la condition du travailleur à cette époque.

Les artisans du même métier formaient généralement une corporation ; et cette dernière devenait une personne légale, avec des droits et des devoirs particuliers.

L'apprentissage, commencé de bonne heure, était la manière d'entrer dans la corporation ; quand l'ouvrier savait son métier, il était admis et, en guise de bienvenue payait certains droits d'admission.

Les dépenses nécessitées par le culte des dieux, les fêtes auxquelles prenait part la corporation et les repas solennels qu'elle organisait, étaient couverts par des cotisations demandées à chaque membre ; c'est encore le système en vigueur dans les syndicats actuels, mais, aujourd'hui, la cotisation n'est pas très régulièrement payée et n'est versée d'une façon à peu près constante que pendant les journées préparatoires des grèves.

Une autre source de revenus spéciale à ces corporations provenait des libéralités faites à l'association par un riche personnage sous le patronage duquel elle avait eu soin de se placer. Enfin, la corporation héritait des biens de ses associés morts intestats, ou sans héritiers naturels. L'Etat, c'était là un des privilèges qu'il octroyait aux corporations, abandonnait dans ce cas ses droits sur la succession.

La loi enjoignait au collège d'avoir, au moins, un syndic pour le représenter devant les tribunaux.

Mais ce syndic n'était pas le seul mandataire des corporations ; il faudrait bien mal connaître la nature humaine, pour croire que ce seul syndic eût satisfait le besoin de paraître et d'être, au moins quelque chose, des associés. Nous voyons, en effet, que les dignitaires pullulaient dans les corporations.

Les premiers magistrats étaient les *duumvirs* et les *quatuorvirs*, puis venaient les caissiers, secrétaires, greffiers, décurions, etc.

L'homme opulent, que la corporation avait eu soin de choisir pour patron, prenait le nom de défenseur et souvent, il occupait dans la société une position élevée.

Il n'y avait aucun inconvénient pour les collèges à se choisir plusieurs protecteurs et il arrivait souvent que, comprenant où était leur avantage, les corporations avaient à leur tête plusieurs citoyens riches et influents.

Vis-à-vis l'Etat, les associations se trouvaient dans une position rigoureusement dépendante.

Le régime de liberté d'association n'existait pas et toute société devait, pour se constituer valablement, obtenir un sénatus-consulte ou un décret impérial.

C'était un régime analogue à celui qui a précédé la loi de 1884 sur les syndicats, le régime de l'autorisation préalable. Entré dans la corporation, l'ouvrier ne pouvait en sortir et s'il s'enfuyait, la force publique le ramenait dans le groupe dont il faisait partie.

Les fonctions curiales, les impôts et corvées, le service militaire, les diverses charges, en un mot, qui pesaient sur les citoyens ordinaires, étaient supprimées pour les membres des corporations.

Malgré ces divers privilèges, le vieux préjugé qui faisait considérer comme gens de peu les artisans, préjugé qui, de nos jours, n'est pas encore complètement disparu, ne permit jamais aux ouvriers, même réunis en corporations, d'occuper une place très élevée dans la société romaine.

En résumé, le travail libre semble avoir complètement disparu au IIIe et au IVe siècle : si, par travail libre, on entend travail débarrassé des entraves de la corporation. Il est possible que quelques rares professions aient pu échapper à ce groupement corporatif des travailleurs, comme semblerait le faire supposer une novelle du Code Théodosien, mais il ne faut voir là que quelques rares exceptions et, dans la généralité, les différents métiers voyaient leurs membres réunis dans une même association.

Il nous faudrait arriver aux temps modernes pour trouver le travailleur libre et maître de sa force de travail.

Une question s'élève : vaut-il mieux pour le travailleur avoir cette liberté, que certains considèrent comme simplement apparente, ou entrer dans un groupe qui puisse, grâce à la cohésion des volontés et des intérêts, faire triompher ses revendications légitimes ? La solution de cette question trouve sa place dans une partie de l'étude que nous allons à présent entreprendre. Dès à présent, nous pouvons poser en fait devant la résurrection des groupes, organisés par la loi de 1884, que la corporation semble devoir prendre dans l'avenir une place au moins aussi considérable que dans le passé et que l'association nous apparaît comme répondant sinon à un instinct, au moins à un besoin chez le travailleur.

DROIT FRANÇAIS

LE SALAIRE ET LE COLLECTIVISME

PREMIÈRE PARTIE

CHAPITRE PREMIER

But et plan de l'étude. — Histoire rapide du collectivisme. — Ses *desiderata*. — Sa manière de procéder. — Circonstances qui ont favorisé son éclosion et son développement. — Le salariat, thème favori des dissertations collectivistes.

Le but de cette étude est d'examiner pourquoi et comment le Collectivisme attaque l'organisation économique actuelle et, en particulier, le salaire, mode de rémunération du travail. D'un côté nous grouperons ces attaques et pèserons leur valeur intrinsèque ; puis nous nous demanderons ce que les collectivistes veulent mettre à la place de ce qu'ils espèrent détruire et nous apprécierons les expédients qu'ils laissent entrevoir ; d'un autre côté, ils nous faudra étudier le salaire dans sa nature et dans son fonctionnement et rechercher les perfectionnements possibles de cet instrument de rétribution aujourd'hui si répandu : ces divers points traités, nous pourrons avoir une opinion et nous conclurons alors dans le sens de celle des théories qui nous aura paru présenter le plus de garanties pour les travailleurs, être le plus susceptible de s'accommoder avec les progrès de la productivité, avoir enfin la plus grande somme de perfectibilité dans l'avenir.

Les attaques du collectivisme ne sont pas très anciennes, car la théorie elle-même a un demi-siècle à peine d'existence.

Fondée et dogmatisée par Karl Marx, dont le livre sur le capital est l'Evangile du nouveau socialisme, elle ne doit pas être confondue avec les vieilles formules communistes. Faire cette confusion serait commettre une grave erreur qu'il convient avec soin d'éviter : car si, prêter à ses adversaires des idées qu'ils n'ont jamais eues, est ou de la mauvaise foi ou d'une ridicule ignorance, encore est-il moins sérieux de vouloir réduire un ennemi, sans le bien connaître.

C'est en notre matière surtout qu'il importe de méditer cette phrase de Schaëffle : « Pour combattre un adversaire » important d'une manière efficace, il faut d'abord con- » naître exactement, impartialement, sincèrement, si l'on » peut ainsi parler, ce que veut cet adversaire et ce que, » d'après ses principes, il doit vouloir ».

Nous insistons sur ce point, car il n'est pas rare de rencontrer des socialistes mondains ou ouvriers qui ignorent le premier mot des doctrines qu'ils invoquent. Les ouvriers principalement, nous parlons des ouvriers français, ont les idées les plus fausses sur les réformes espérées dont ils veulent précipiter la réalisation. Nous reviendrons sur cet état d'esprit qui les fait courir au-devant de difficultés et de misères sans nombre avec une ardeur que les autres pays se gardent bien d'imiter : nous nous contentons, pour le moment, de le signaler.

Entre la vieille ou les vieilles Ecoles socialistes et la nouvelle, aussi bien dans les *desiderata* que dans la manière de procéder, il y a un abîme.

Pendant la première moitié du XIXe siècle, plusieurs théories socialistes ont été hasardées, dont quelques-unes ont eu un grand retentissement : à une certaine époque, tout le monde a été tant soit peu St-Simonien ou Fouriériste.

Mais la durée de ces écoles a été fugitive comme leur éclat, toutes renfermaient en elles un vice irrémédiable ; elles n'étaient pas pratiques. Voulant rénover, de suite et de fond en comble, la société, elles n'avaient pas de chance de réussite, car le but était immense et les moyens d'action étroits.

Les collectivistes, instruits par l'expérience, ne veulent plus d'un bouleversement aussi rapide et aussi profond. Répudiant les doctrines violentes, leur intention est d'arriver lentement au but assigné. C'est plus sur le progrès des mœurs et des idées et sur la transformation progressive des institutions qu'ils comptent que sur une révolution soudaine, terrible, dont ils ne seraient pas à même d'exploiter la violence et de mesurer les effets. Aussi ont-ils écarté depuis plus de vingt ans les éléments perturbateurs capables de compromettre le succès de leurs revendications et au dernier congrès socialiste à Bruxelles, en août 1891, les anarchistes ont vu maintenir contre eux l'exclusion prononcée en 1872, au congrès de la Haye.

Le but poursuivi est aussi bien différent du but ancien.

Les billevesées des communistes, la communauté des biens, des femmes, la suppression de l'héritage, etc. tout cela est bien loin.

La collectivité, propriétaire de tous les moyens de production, voilà le grand principe.

Quant aux moyens de consommation, c'est-à-dire aux fruits du travail, ils restent la propriété exclusive de celui qui les a acquis et ils peuvent même être transmis par héritage.

La famille garde sa constitution actuelle.

La nouvelle école supprime ou veut supprimer les bourses d'effets publics et de marchandises, sources de tant de ruines et de désolation, ainsi que la concurrence à laquelle on peut faire les mêmes reproches. Enfin, il n'y a de changé, en réalité, que celui pour lequel on travaille. Le patron disparaît et fait place à l'État qui supprime le salariat, ce mode d'exploitation de l'ouvrier par la société capitaliste.

Nous ne voulons pas entrer dans les détails, à présent ; mais ce rapide aperçu suffit à montrer la différence fondamentale qui sépare l'ancien et le nouveau socialisme.

Maintenant que nous connaissons le but du collectivisme et ses moyens généraux d'action, il nous faut voir rapidement comment est né le collectivisme, quelles circonstances ont favorisé son éclosion et son développement.

Le collectivisme est l'œuvre de gens sortis de l'Université allemande. Ses précurseurs sont des docteurs qui ont apporté à l'étude des questions sociales la méthode scientifique et le lourd esprit qui leur sont familiers.

Citons rapidement Fichte, Van Kelberg et Robertus

Jagetzon. Ce dernier qui fut ministre a étudié la théorie des salaires telle que les économistes la présentaient alors, telle que la comprenait l'école anglaise.

Lassalle, israélite d'un grand talent, brillant orateur, ayant une influence énorme sur les masses est le véritable organisateur du parti socialiste allemand qui, au début, n'est pas encore le collectivisme.

En étudiant les théories de Karl Marx dont le livre sur le capital est la pierre angulaire du nouvel édifice socialiste, nous retrouverons, en partie, les idées de Lassalle qui fut surtout un incomparable commentateur des principes et des doctrines de l'école anglaise. Ses idées propres consistent dans la création de sociétés de coopération subventionnées par l'Etat qui aurait fourni au travail les capitaux nécessaires et permis la transformation de la société, et aussi dans le rôle du billet de banque que Lassalle croit multipliable à volonté.

Cette idée sur le billet de banque est complètement fausse, car c'est la confiance seule qui permet la circulation d'une certaine quantité de billets et l'idée sur les corporations a eu dans la pratique de détestables résultats, les sociétés s'étant empressées de dissiper les fonds à elles confiés.

Après la mort de Lassalle, le socialisme allemand devint peu à peu le collectivisme, et en étudiant les doctrines de Marx nous allons nous trouver en présence d'une critique qui revêt des allures scientifiques et a la prétention de terrasser le capital à l'aide de nombreux arguments historiques, expérimentaux, logiques et même économiques.

Karl Marx est un bourgeois, non un ouvrier; le mouvement allemand, a ceci de particulier c'est que tous les chefs, sauf de très rares exceptions, comme Bebel, sont d'origine plutôt élevée et appartiennent aux classes libérales. Marx publia, en 1867, l'ouvrage qui devait faire tant de bruit, « *Das Capital* ». A ce moment, les théories de l'école anglaise sur le salaire étaient presqu'universellement admises et leurs conclusions n'étaient pas faites pour encourager l'ouvrier : à ce moment aussi, la grande industrie était en voie de formation : bien des misères étaient mises à nu, résultant les unes de la transformation de l'industrie, les autres du surmenage imposé à l'ouvrier par des patrons trop exigeants. L'Empire Français lui-même croyait se consolider en développant les idées socialistes ; celles-ci n'eurent qu'à paraître pour grouper de nombreux adhérents : le collectivisme qui avait un corps de doctrine fut le point de ralliement. Ce sont des causes sociales, politiques et économiques qui ont favorisé la naissance et le développement du collectivisme.

De nos jours, le socialisme a pris une énorme extension. Il est devenu une force inquiétante, menaçante même, car ses aspirations, surtout en France, sont mal définies. L'ouvrier est le héros du moment : des politiciens sans scrupules ont flatté ses passions et des têtes couronnées lui ont fait des avances. Possesseur d'une force dont il ne connaît pas bien toute la puissance, il l'essaie d'une façon encore hésitante par des grèves éclatant sans but bien déterminé, qui ont plutôt pour objet d'effrayer le patron que d'obtenir d'utiles concessions. Il y a là un état d'esprit qu'il serait dangereux d'encourager et il est dans l'intérêt de l'ouvrier et de la société de voir calmer cet excès de socialisme.

La suppression du salariat est un de ces thèmes favoris qu'aiment à développer les orateurs du collectivisme. Ne pouvant traiter la question sociale entière,

nous nous cantonnerons dans cette partie déjà si importante qui a trait aux salaires et nous écouterons les dissertations des collectivistes sur les abus engendrés par
ce mode de rémunération. Nous verrons ensuite ce qu'on
peut leur répondre.

En ce faisant, nous n'espérons pas convaincre les ouvriers et apaiser leur fièvre socialiste. A cela, il y a de
bonnes raisons ; la meilleure c'est que le nombre de
ceux qui connaissent la théorie marxiste est infime.

Notre seule ambition serait de faire, en quelque sorte
toucher du doigt, aux personnes socialistes de bonne foi,
le manque de solidité et de fond du collectivisme dans
un de ses points principaux et d'attirer leur attention
sur le danger d'encourager même inconsciemment des
idées qui ne peuvent qu'être funestes aux ouvriers, en
les engageant dans une voie sans issues, désastreuse
pour eux et la société toujours solidaire des erreurs de
ses membres.

CHAPITRE II.

La question des salaires n'est pas toute la question
sociale, mais elle a une importance capitale, car elle em-
brasse des intérêts multiples qui lui donnent un caractère particulièrement douloureux, lorsque ces intérêts
viennent à être froissés dans la lutte économique.

Qu'est-ce donc que le salaire?

Le salaire, pour en donner une définition capable de
n'effaroucher aucune théorie, le salaire est ce que reçoit
le travailleur en échange de son travail. Une personne
s'engage à fournir du travail à une autre personne; cette
dernière paie le travail fourni, au moyen d'une somme
de monnaie ou d'une marchandise déterminée et dont la
quantité a été fixée à forfait et cette monnaie ou cette
marchandise constitue le salaire, qui est tantôt en argent, tantôt en nature. Le nombre des travailleurs rémunérés de cette façon est immense. Tout service rendu,
échangé contre une somme ou un objet donne la position de salarié à l'auteur du service. Nous ne nous pla-

çons pas ici, au point de vue du Code civil, mais au point de vue économique. Si nous ouvrons le Code civil, si même nous acceptons le sens consacré usuellement, nous remarquons que le mot salaire est surtout employé pour désigner la rémunération de l'ouvrier, ce qu'il reçoit en échange de son travail.

C'est en effet, le sens particulier du mot salaire, et nous adopterons toujours dans la suite, ce terme, dans sa signification spéciale. Si nous avons tout d'abord donné du salaire, une définition plus large c'est que nous voulions bien établir que dans le monde, les ouvriers ne sont pas les seuls salariés. On s'effraye souvent plus du mot que de la chose et après les dissertations socialistes, les ouvriers auxquels on a représenté ce mode de rétribution du travail comme favorisant le vol du patron à son égard, les ouvriers qui ont entendu rapprocher le salariat de la corvée et de l'esclavage ne peuvent que prendre en horreur ce mot salaire qui implique une idée d'abaissement et de servage. Eh bien ! n'en déplaise aux socialistes, tout le monde dans la société, est salarié, et en attendant que nous montrions la fausseté d'assimilations ou de comparaisons faites à plaisir, nous déclarons que le mot de salarié n'a rien de répugnant pour cette raison que, en allant au fond des choses on ne rencontre que salaire et salariés.

Depuis les plus hautes carrières administratives, jusqu'aux emplois les plus vils, il ne se trouve que des gens payés pour rendre des services, des salariés. Qu'on appelle la rétribution indemnité, traitement, honoraires, appointements, solde, peu importe ! le mot diffère, la chose est identique.

Les collectivistes s'attaquent au salaire, parce qu'il leur paraît le mode de rémunération particulier à la société capitaliste : il y a là une grosse erreur et nous démontrerons plus loin que même dans la société collectiviste il y aurait des salaires et des salariés : c'est dans la nature des choses, et qu'on appelle patron ou État celui auquel on rend un service, il n'en est pas moins vrai qu'en échange de ce service, il y a rétribution et par suite salaire.

Le plan des socialistes est simple. Ils veulent faire passer la propriété des capitaux à la collectivité ; il faut donc démontrer que la propriété individuelle des capitaux ou régime capitaliste est un régime condamnable, un mode d'exploitation barbare et suranné qui doit disparaître devant les progrès de la civilisation.

Comment se fait cette démonstration ?

Karl Marx étudie la formation du capital et que découvre-t-il ? Que ce capital provient uniquement ou tout au moins pour la plus grande partie de la plus-value.

Or, qu'est-ce que la plus-value ?

La plus-value, d'après le collectivisme représente, évaluée en argent cette partie du travail que le patron ne paie pas à l'ouvrier.

Elle naît à l'occasion du paiement du travail ou autrement à l'occasion du salaire.

Un mode de paiement qui permet une telle exploitation est vicieux et il faut le supprimer.

On doit donc supprimer le salaire, mode de rémunération du travail, particulier à la société capitaliste et coupable de favoriser l'exploitation du travailleur par le capitaliste. Logiquement, on supprimera par la même occasion l'organisation économique qui permet de tels abus.

Le raisonnement paraît judicieux et nous devrions en adopter la conclusion, si les prémisses étaient justes.

Le sont-elles, c'est toute la question.

Marx pose deux affirmations :

1° Le capital naît uniquement ou pour la plus grande partie de la plus-value.

2° La plus-value est constituée par la partie du travail, non payée.

Nous traduisons : « Le bénéfice du patron, bénéfice qui peu à peu constitue le capital, provient uniquement ou à peu près des salaires dus à l'ouvrier et non payés ».

Si nous voulons démontrer la fausseté du raisonnement marxiste, il nous faut donc prouver que ce n'est pas uniquement dans les sommes que le patron doit aux ouvriers pour leur travail et qu'il ne leur paie pas, que se trouve l'origine du capital.

Nous sommes ainsi amené à étudier la formation du capital ; la question est étroitement liée à celle des salaires et il est impossible de réfuter Marx, si on ne le suit pas dans les détours de sa critique.

Quand nous aurons écarté les prémisses du raisonnement comme non conformes à la réalité des faits, la conclusion d'elle-même disparaîtra et les attaques contre le salaire basées sur cette conclusion, forcément perdront toute apparence et toute énergie.

*
* *

« La circulation des marchandises est le point de départ du capital, il n'apparaît que là où la production marchande et le commerce ont déjà atteint un certain degré de développement. L'histoire moderne du capital date de la création du commerce et du marché des deux mondes au XVIe siècle ».

Marx débute par une affirmation bien hardie, en ce qui concerne le commerce dont il fait remonter l'origine au

XVIe siècle ; il est incontestable que le commerce existait bien avant cette époque : qu'au XVIe siècle il ait pris un essor prodigieux, cela est hors de doute, mais raisonnablement on ne peut soutenir qu'il ne date que de ce moment. Nous ne chicanerons pas Marx sur ce point plus longtemps car nous trouvons matière à plus ample discussion dans la première partie de la proposition.

Le capital est postérieur à la circulation des marchandises, nous dit-il. En vérité, il y a lieu de se récrier. Est-ce que, par hasard, Marx aurait des idées différentes des nôtres sur le capital ? Pour notre part, nous avons toujours considéré le capital, comme une richesse mise de côté et destinée à reproduire une autre richesse. Le capital est la richesse en fonction de reproduction. Il nous semble donc naturel qu'un commerçant ou un industriel ait un capital disponible avant d'entreprendre le commerce. Ce capital est destiné à revenir augmenté, à son possesseur, car on se livre au commerce ou à l'industrie dans l'espoir d'obtenir des bénéfices, mais il n'en est pas moins vrai qu'il préexiste.

Aux yeux de Marx qu'est-ce donc que le capital ? C'est tout argent qui accomplit un mouvement spécial consistant à se transformer en marchandises pour revenir ensuite à son possesseur, en se retransformant en argent. L'argent est le point de départ et le point d'arrivée. Si vous achetez des marchandises pour votre usage personnel, la fin de l'opération est la marchandise destinée à servir de valeur, d'usage, de chose utile, et il n'y a pas à considérer l'argent qui vous a servi dans votre achat comme un capital. Si vous revendez au contraire la marchandise que vous avez achetée, vous rentrez en possession de votre argent qui a joué, dans cette affaire le rôle de capital : l'achat de la marchandise n'était qu'intermédiaire, votre intention était de rentrer dans vos fonds.

Votre intention était d'y rentrer d'abord, de trouver un bénéfice en y rentrant ensuite. En effet, en général, l'argent ainsi lancé dans la circulation revient augmenté, car acheter pour vendre plus cher est la formule du capital et les différentes transformations que nous avons signalées ont pour but un bénéfice. Ce bénéfice est ce que Marx appelle la plus-value, l'argent qui produit cette plus-value se transforme en capital.

Le capital est donc l'argent qui produit de la plus-value.

Nous disions : le capital est la richesse en fonction de reproduction. Où se trouve la différence ? Dans l'origine du capital.

Pour nous, le capital existe avant d'être lancé dans la circulation, sa source principale est dans l'épargne. Ayant trop de richesses pour nous, trop de valeurs d'usage pour notre compte personnel nous mettons quelques-unes de ces valeurs ou de ces richesses de côté, de façon à pouvoir les échanger contre d'autres marchandises dont nous pourrons avoir besoin ou contre une marchandise spéciale toujours utile, la monnaie. Ce capital, nous le risquons dans une entreprise ou nous l'échangeons contre une richesse déterminée. Dans le premier cas, il est naturel que nos risques soient compensés, que notre hardiesse ait satisfaction ; de plus, et cette raison d'un bénéfice s'applique aussi dans le second cas, en avançant notre capital pour une opération ou en l'échangeant contre des objets déterminés, nous rendons à quelqu'un un service qui doit être payé : de là, un bénéfice légitime. Notre premier capital s'accroît parce qu'il a circulé et qu'en circulant il a rendu, nous le répétons, des services qui doivent être rémunérés, mais il saute aux yeux qu'il existait avant d'être lancé dans la circulation et que s'il existait, c'était grâce à une sage et prévoyante épargne.

Pour Marx, la notion de l'épargne, la notion de la productivité de l'échange, tout cela est faux ou n'existe pas.

Cependant, pour être impartial, et, en même temps, surprendre Marx en flagrant délit de contradiction, nous reconnaissons que dans le chapitre où il étudie la transformation de la plus-value en capital, il avoue qu'une certaine avance est nécessaire. Une certaine somme d'argent, faisant fonctions de capital est indispensable pour servir à produire de la plus-value.

« D'où l'homme aux écus a-t-il tiré cette richesse ? De son propre travail ou de celui de ses aïeux, nous répondent en chœur les porte-paroles de l'économie politique et leur supposition semble, en effet, la seule conforme aux lois de la production marchande ».

L'aveu est complet, Marx est obligé de reconnaître qu'une première somme provenant de l'épargne du capitaliste ou de celle de ses aïeux est nécessaire.

C'est là déjà une bien grande concession et l'argumentation postérieure en sera d'autant affaiblie.

Nous n'insisterons pas, pour le moment, sur cette concession et suivrons Marx sur le terrain où il se place pour trouver l'origine, sinon de tout le capital, tout au moins de sa plus forte partie.

Il voit entrer dans la circulation une somme d'argent qui se transforme en marchandises et revient ensuite augmentée.

Et il est étonné.

Il ne s'occupe pas, sous la réserve cependant de la

concession que nous venons de faire connaître, de l'origine de cette première somme disponible ainsi aventu-
rée. Non, cela ne le tourmente pas et pour cause : il ne
veut voir naître le capital qu'à l'occasion de la plus-value et pour en arriver là, il commettra des oublis volontaires et des erreurs non moins voulues : la spéciosité
du raisonnement lui suffira.

Il se pose ce profond problème : « Le possesseur d'argent doit d'abord acheter des marchandises à leur juste
valeur, puis les vendre ce qu'elles valent, et néanmoins,
à la fin retirer plus de valeur qu'il n'en avait avancé :
cette transformation de l'argent en capital doit se passer
dans le domaine de la circulation et en même temps ne
point s'y passer ».

Comment résoudre la difficulté ?

C'est dans la circulation que le phénomène se passe.

La nature de la circulation, de l'échange permet-elle
cette augmentation ?

L'échange est-il productif ?

Considérons l'échange de deux marchandises : un
homme possède beaucoup de blé et pas de vin, et un autre
beaucoup de vin et pas de blé : ils échangent entre eux
les marchandises dont ils ont besoin. Y a-t-il utilité à
faire cet échange ? Incontestablement et l'échange est
utile à tous les deux puisque les marchandises vont
ainsi trouver ceux qui en avaient besoin.

Marx constate cette utilité de l'échange mais il con-
teste sa productivité.

« Qu'on se tourne comme on voudra, les choses restent
» au même point. Un changement dans la distribution
» des valeurs circulantes n'augmente pas leur quan-
» tité. »

Il est évident qu'avant et après, il y a la même quantité de vin et la même quantité de blé, mais au point de vue de la société, d'abord, il y a avantage à ce que chacun soit fourni des marchandises dont il a besoin et il y a, de cette façon, accroissement général des richesses. On ne niera pas que la société perdrait à voir gâter des marchandises, faute des débouchés indispensables et de ce chef, il y a augmentation non de produits mais de richesses quand ces dernières trouvent acquéreurs.

Quant aux co-échangistes entre eux, la production de plus-value qu'ils obtiennent dans le marché est encore moins discutable.

Pierre vend du blé à Paul ; il évite ainsi, une perte sèche qui eut pu se produire, s'il n'avait pas trouvé acheteur et il fait un bénéfice résultant de ce qu'il rend un service à Paul, service qu'il fait payer. En général, on ne cultive pas le blé pour, en le vendant, rentrer dans ses fonds et le bénéfice obtenu dans la vente est légitime puisqu'il représente les travaux, les soucis du cultivateur, travaux et soucis qu'il épargne à son acheteur.

Si en échange du blé, Paul donne du vin à Pierre qui en a besoin, le même raisonnement est applicable et Paul, en général, fera un bénéfice.

Les bénéfices seront-ils égaux ? C'est une autre affaire. Tout dépendra de l'habileté des co-échangistes, le plus habile aura le plus fort bénéfice : mais qu'il soit un peu plus ou un peu moins gros, ce bénéfice existera des deux côtés et il est puéril de le nier. Qui dit acte de commerce, dit bénéfice à réaliser ; nous le répétons, à moins de circonstances exceptionnelles, le commerçant a droit à un bénéfice et l'obtient.

Il est donc absurde de dire avec Marx que si Pierre vend 500 francs à Paul du vin qui en vaut 400 et qu'il achète ensuite à Jacques du blé qui en vaut 600 avec les 500 fr. provenant de sa première vente, il ait en quelque sorte volé 200 francs. A ce compte-là, Jacques, pour ne prendre que lui, aurait gagné 100 francs en ne vendant pas son blé et en le laissant en magasin. Il ne faut pas compter comme perdu l'argent qu'on n'a pas gagné. Jacques n'a peut-être fait qu'un bénéfice de 50 francs, alors qu'il aurait pu en faire un de 150 : c'est tant pis pour lui, mais il est absolument déraisonnable de dire qu'il n'a pas fait du tout de bénéfices, car il a pu en faire un, malgré le gain plus fort de Pierre.

Il nous faudra dans la suite revenir plus d'une fois sur ce fait que l'échange est productif et que c'est même à l'occasion de l'échange que la plus-value apparaît. C'est une idée essentielle qu'il ne faut jamais perdre de vue, quand on discute avec un raisonneur subtil comme Marx, toujours porté à exagérer ce qui lui est utile et à laisser prudemment dans l'ombre ce qui peut lui être défavorable.

*
* *

Ecartant la productivité de l'échange, omettant l'origine de l'épargne, Marx se demande quel raisonnement reste à faire pour trouver la source du capital. Il cherche alors et trouve cette source dans l'usage de la marchandise après son achat.

Comment est-ce possible ? Il existe donc sur le marché une marchandise, qui, consommée par son acheteur lui procure une valeur échangeable plus grande que celle qu'elle-même possédait avant sa consommation ?

Oui, cette marchandise existe et Marx nous la dépeint:

C'est « la puissance de travail ou force de travail et sous ce nom il faut comprendre l'ensemble des facultés musculaires et intellectuelles qui existent dans le corps d'un homme et qu'il doit mettre en mouvement pour produire des choses utiles. »

C'est la force de travail qui exploitée, donnera naissance au capital.

Le détenteur de cette force, celui qui sera le salarié, en est réduit par suite de l'organisation capitalistique, au dire de Marx, à offrir sa force au détenteur du capital qui l'achètera comme une marchandise ordinaire. Le futur salarié est obligé d'agir de cette façon, car il faut bien vivre et il ne peut gagner sa vie autrement, étant dépourvu et des moyens de subsistance et des moyens de production, matières premières, outils, etc., qui lui permettraient de donner satisfaction à ses besoins en vendant les marchandises produites par son travail. Il offre donc sa force de travail au capitaliste et c'est par l'exploitation de cette force que naîtra la plus-value et par suite le capital.

Marx prétend que le capitaliste par suite du nombre toujours débordant des travailleurs peut imposer ses volontés aux salariés : comme il cherche à faire le plus possible de bénéfices, il paie juste ce qui est nécessaire pour trouver des ouvriers et la différence entre ce qu'il paie et ce qu'il devrait payer constitue la plus-value ou source du capital.

Les ouvriers, par suite de l'organisation capitaliste sont obligés d'accepter ces conditions et il n'y a pas chance pour eux d'en obtenir de plus douces.

La plus-value constituant le capital provient ainsi du vol de l'ouvrier par le patron qui de son côté ne peut pas faire autrement que de se livrer à cette exploitation, étant données les conditions économiques de la société.

L'ouvrier n'est pas payé comme il devrait l'être, dit Marx. Comment est-il donc payé dans l'organisation

actuelle et normalement quel salaire serait-il en droit de
réclamer dans une société bien organisée?

Voila deux questions qu'il est important de résoudre.
Nous allons essayer de le faire, en examinant d'abord
quelle est la valeur de la force de travail, puis en nous
plaçant sur le terrain de la pratique et en cherchant à
quels besoins doit parer le salaire, ce que, légitimement
l'ouvrier est en droit de demander et quels facteurs influent sur la fixation du taux des salaires. Ensuite nous
verrons ce que Marx prétend assigner à l'ouvrier comme
salaire et quelle base d'évaluation il emploie pour calculer la part de l'ouvrier. La conclusion s'imposera d'elle-
même après cette double étude.

Quelle valeur a donc la force de travail?

La question ainsi posée ne peut être résolue simplement. Si nous considérons ce qu'on la paie sur le marché,
nous répondrons que sa valeur est égale au prix offert
par le capitaliste, prix variable, dépendant d'une foule de
circonstances, de l'abondance ou de la rareté de la main-
d'œuvre, de la cherté ou du bas prix de la vie, etc.

Il y a cependant un minimum au-dessous duquel ce
prix ne peut descendre ; si le salaire ou prix de la force
de travail descend au-dessous de ce minimum, l'ouvrier
incapable de s'entretenir physiquement, meurt ou émi-
gre, et le nombre des ouvriers diminuant les prix re-
montent en vertu de la loi de l'offre et de la demande.
Etant données les conditions habituelles de l'existence
le prix de la force de travail rencontre donc un minimum. Marx soutient, et nous aurons à examiner ce
point, que le salaire ne dépasse jamais ce minimum ;
c'est la triste théorie anglaise sur le salaire, depuis
longtemps abandonnée.

Nous reviendrons sur cette théorie : pour l'instant,

plaçons-nous à l'autre point de vue de la question. Quelle est en soi, la valeur de la valeur de la force de travail. Il ne s'agit plus ici de savoir ce qu'elle est payée, mais ce que normalement elle doit être payée. Nous tombons ainsi dans la célèbre théorie de la valeur.

CHAPITRE III

Notre intention n'est pas d'entrer dans toutes les controverses soulevées autour de cette matière, nous ne dirons que ce qui est nécessaire à l'intelligence de la question, dans ses rapports avec la théorie du salaire.

Tout d'abord, définissons deux locutions que nous rencontrerons fréquemment dans Karl Marx, valeur d'usage, valeur d'échange.

La valeur d'usage est la qualité que présente un objet de satisfaire un de nos besoins, quel qu'il soit. Cette valeur est purement subjective : ce qui m'est utile peut ne pas l'être ou l'être à un degré bien moindre à une autre personne. Depuis longtemps les économistes ont abandonné cette expression remplacée par le mot utilité.

Ils ont réservé le mot valeur à la valeur d'échange

et quand nous parlerons de la valeur nous voudrons désigner la valeur d'échange.

Cette valeur est la proportion variable dans laquelle des marchandises d'espèce différente s'échangent l'une contre l'autre.

C'est à l'occasion de l'échange que la valeur apparaît. Jusque-là, elle sommeillait dans l'objet. Si ce dernier peut être échangé contre un nombre déterminé d'objets utiles, ce certain nombre représente sa valeur. Ici, le côté objectif l'emporte ; cependant la valeur existe indépendamment de l'échange, car la manière dont celui-ci se fixerait, ne se comprendrait plus, si l'on niait cette existence primordiale.

L'utilité que présente l'objet offert ou sa rareté ne suffisent pas à expliquer le taux qu'il peut atteindre. Ces qualités d'un objet peuvent faire comprendre pourquoi il est demandé plus qu'un autre mais non pourquoi son prix s'arrête à tel chiffre.

L'utilité et la rareté font varier les prix courants, quelquefois dans d'énormes proportions, autour de la valeur normale, mais elles ne fixent pas cette dernière. L'essence de la valeur d'un objet est le travail humain qui y est incorporé.

Le travail humain est la base de toute valeur. Karl Marx qui a étudié la théorie de la valeur, aboutit aussi à cette conclusion et, ici, nous ne pouvons qu'être de son avis. « Le travail humain matérialisé constitue la valeur des choses. Les propriétés naturelles, la valeur d'usage mise de côté, il ne reste plus aux marchandises qu'une qualité, celle d'être des produits du travail. » C'est fort bien dit, et avec ce critérium de la valeur, tout s'éclaire d'une singulière façon. Il est bien entendu que nous laissons de côté les exceptions : il n'y a guère d'objets qu'on ne puisse multiplier à volonté, dont la rareté soit inguérissable et c'est pour eux que le critérium est absolument fondé.

Voilà pour la valeur normale des objets. Quelle sera la valeur courante ?

Elle aura de grandes tendances, par suite de la concurrence, à osciller autour de la valeur normale et ne dépassera guère le prix de revient augmenté d'un léger bénéfice.

Ce critérium de la valeur des produits est-il applicable à la force de travail de l'ouvrier?

Il faut répondre que son application est possible en ces matières, mais qu'il faut en user avec une extrême prudence.

Nous savons que la substance de la valeur est le travail; si nous voulons mesurer ce travail, il nous faudra choisir une unité de mesure qui sera le temps employé pour fabriquer un objet donné, non pas un temps quelconque, mais le temps nécessaire socialement à la production, c'est-à-dire nécessaire, en moyenne dans des conditions moyennes d'habileté et d'intensité, dans un milieu social donné : enfin nous transformerons notre mesure et la traduirons dans une commune mesure, universellement employée, servant d'étalon aux valeurs et fixant en même temps les prix. Cette commune mesure sera l'or, par exemple. Appliquée à la force de travail, cette méthode longue et compliquée nous amènera à rechercher la valeur des objets nécessaires à l'entretien et au renouvellement de la force de travail, à constater le travail nécessaire pour obtenir ces objets. Le résultat de nos recherches traduit en or nous donnera la valeur normale.

Connaissant la valeur normale, il sera facile de la comparer avec la valeur courante et de juger, si elle est constamment au-dessous du minimum nécessaire pour permettre à l'ouvrier de vivre et de se renouveler.

Nous aurons ainsi répondu à notre question. Quelle est la valeur de la force de travail?

Ce sera la somme qui sera nécessaire à l'ouvrier pour assurer son existence et la renouveler dans des conditions moyennes. Cette somme, selon Marx, n'est jamais atteinte d'une façon satisfaisante par la valeur courante puisque les ouvriers sont toujours sur le point de mourir de faim.

C'est ce qu'il nous faut examiner.

Et pour ce faire, il nous faut entrer dans l'analyse du mécanisme qui préside à la fixation du salaire. Jusqu'ici nous avons raisonné *à priori* ou sur des affirmations. Arrivons donc à la pratique et voyons ce qui s'y passe. Nous allons employer la méthode analytique qui est la seule applicable en ces matières où les faits servent de bases aux raisonnements : de cette façon nous espérons démontrer la fausseté ou au moins la grande exagération des déductions de Marx et aboutir à des théories moins désespérantes pour l'ouvrier et plus encourageantes pour l'avenir de notre société économique.

Paie-t-on au travailleur tout ce qu'on devrait lui payer, tout ce qu'il est en droit d'espérer, de réclamer ?

La réponse en entraîne d'autres non moins décisives sur l'avenir du travailleur avec ses améliorations possibles et sur l'avenir de la société économiqne actuelle et de son organisation industrielle.

*
* *

L'ouvrier, en louant la force de travail qui est son unique ressource associe ses efforts à ceux du patron pour arriver à la fabrication d'un produit. La vente de ce produit devra rémunérer ses efforts et ceux du patron.

Étant donné un produit non pas exceptionnel ou provenant d'une découverte récente dont le patron a eu l'idée et qu'il exploite à son gré, mais un produit ordinaire se trouvant dans des circonstances moyennnes, considérons ce que fait un patron qui entreprend la fabrication de cet objet et espère en tirer un bénéfice.

On ne fabrique pas pour fabriquer et le patron qui se donne beaucoup de peines, pour amasser des capitaux, les faire valoir, diriger un établissement, le surveiller, courir la clientèle, créer des débouchés, qui a de plus les soucis continuels, le casse-tête d'un homme qui s'occupe de son affaire, le patron est légitimement en droit de faire payer à celui qui vient lui acheter ses produits le service rendu par le fait d'avoir mis ces produits à la disposition du public et d'avoir ainsi épargné à ce public tout ce qu'il y a de pénible dans la production.

Nous revenons volontiers sur ces idées parce que les collectivistes volontiers les passent sous silence et qu'il est utile de montrer la part prise par le patron dans la fabrication.

Lors donc qu'un patron veut fabriquer un produit, il est obligé de réunir les facteurs de la production et tout d'abord rassembler des capitaux. Ces capitaux sont sa propriété ou bien il les emprunte ; dans les deux cas, ils doivent rapporter un intérêt, premier élément du compte du patron.

Un local est nécessaire, des machines indispensables.

Nouvelles dépenses du compte : le loyer, et, nous y comprenons les impôts de patente, de portes et fenêtres, foncier et contribution mobilière qu'il paiera s'il est propriétaire et qu'il paiera fort probablement aussi, s'il est locataire, les propriétaires se déchargeant toutes les fois qu'ils le peuvent, sur les locataires du poids de ces impôts.

Du côté des machines, il y a les dépenses d'entretien et l'amortissement : récapitulons et établissons le compte en ajoutant ce que devra rémunérer la vente du produit.

1° Intérêts des sommes engagées.

2° Entretien et amortissement des machines. Intérêts des sommes qu'elles ont coûté.

3° Achat de matières premières.

4° Frais généraux. Loyer. Impôts. Assurances diverses. Courtage. Publicité.

5° Salaire des ouvriers.

6° Entretien du patron, de sa famille.

Le patron doit d'abord payer toutes ces sommes et les retrouver dans la vente du produit : de plus, il doit s'arranger de façon à faire un bénéfice quelque léger qu'il soit, autrement il serait déraisonnable d'entreprendre la fabrication.

Si à un moment donné, il parvient à diminuer ses frais généraux, avoir des capitaux à meilleur marché, acheter à bon compte des matières premières, et enfin payer moins cher ses ouvriers, il est évident que ses bénéfices augmenteront, à moins que la concurrence ne survenant, n'abaisse le prix de vente en proportion du prix de revient ; alors dans ce cas, le consommateur seul profitera de la diminution des frais de production.

Le salaire des ouvriers est un des éléments du compte patronal qui servent à déterminer le prix de revient : comment ce salaire est-il fixé ?

Nous avons déjà dit qu'il y a un minimum au-dessous duquel il ne peut descendre, mais peut-il dépasser ce minimum et se tenir d'une façon permanente à une certaine hauteur au-dessus de ce minimum ? Non, répondent les collectivistes avec l'école anglaise. Ont-ils raison ?

Ricardo, Malthus, etc. ont soutenu une théorie qui serait désespérante pour l'ouvrier, si elle était conforme à la réalité des faits. Les collectivistes s'en sont emparés et ont soutenu qu'une société où de pareilles misères étaient la règle était une société mal faite et qu'il fallait à tout prix transformer.

Cette transformation n'est pas nécessaire car l'école anglaise s'est trompée, mais l'économie politique supporte le poids de son erreur : le collectiviste est son châtiment.

Se basant sur des observations trop restreintes et sur des règles établies *à priori* sans vérification expérimentale les économistes anglais ont abouti, dans l'étude des salaires, à ces conclusions fâcheuses que le salaire minimum indispensable à l'ouvrier pour sa conservation était le salaire normal et qu'il était inutile d'espérer qu'un jour ou l'autre il put s'accroître et abandonner cette fatale limite.

En effet, disaient-ils, supposez que le salaire s'élève ; les ouvriers attirés par cette élévation se précipiteront en masse ; la population, ici on invoquait Malthus, croîtra hors de toute proportion et en vertu de la loi de l'offre et de la demande, les salaires tomberont : ils tomberont même en dessous du minimum car cette foule voudra vivre et pour elle, c'est surtout vrai de dire : « Etre ou ne pas être ».

Elle acceptera donc n'importe quelles conditions : mais le minimum étant nécessaire, beaucoup mourront ou émigreront et le salaire minimum sera reconquis. On voit donc que les ouvriers auront beau faire, leur salaire oscillera toujours autour de ce minimum, sans jamais pouvoir s'élever ; c'est la misère perpétuelle.

C'était, à la vérité peu encourageant ; aussi Lassalle qui a donné à cette loi, le nom de loi d'airain, eût-il un succès foudroyant quand il la dénonça en termes indignés au monde du travail.

« L'ouvrier allemand, disait-il, est malheureux, mais il ne s'en doute pas, il faut qu'on le lui dise ».

Il le lui a dit et depuis 30 ans les ouvriers ont bien montré en Allemagne et ailleurs qu'ils avaient compris.

Marx a établi en partie son système sur cette formule et la réfutation de la théorie de l'école anglaise est nécessaire pour réfuter complètement le système marxiste. Nous avons vu, en effet et nous aurons à nous étendre à nouveau sur ce point que Marx assigne comme unique origine au capital, sauf une légère concession, la plus-value ou bénéfice réalisé par le patron sur les ouvriers, ceux-ci réduits au strict nécessaire, ne touchant que le salaire indispensable pour ne pas mourir de faim : or comme d'une part ils ne peuvent dépasser ce minimum et que d'autre part, la valeur de leur travail dépasse certainement la valeur de ce qu'on leur donne, toute la différence tombe dans la caisse du patron constituant le capital. Cette situation n'a pas chance de s'améliorer puisque, d'après les économistes eux-mêmes, il est dans la nature des choses que cela se passe ainsi et les ouvriers sont condamnés à entretenir et développer ce capital qui ne prend naissance que grâce au salaire misérable qu'ils reçoivent. On conçoit les colères de l'ouvrier, à l'audition de pareilles révélations.

Heureusement, les choses se passent autrement que ne l'enseignait l'école anglaise. Il suffit d'ouvrir les yeux pour s'apercevoir que les salaires actuels sont de beaucoup supérieurs au minimum de la loi d'airain : à vrai dire, l'agitation socialiste a pu avoir pour résultat de contribuer à cette hausse des prix, mais cette dernière ne montre-t-elle pas déjà la fausseté de la doctrine qui affirmait que le minimum ne pouvait être dépassé !

La véritable théorie sur le salaire est celle qui le fait varier avec la productivité du travail de l'ouvrier, théorie rationnelle en théorie et vérifiée constamment dans la pratique. Il faut donc répudier ouvertement les doctrines de l'école anglaise ; en ce faisant, on abandonne des formules dont l'expérience a démontré la fausseté et en même temps, on peut répondre victorieusement aux prétentions exagérées des ouvriers, égarés par de fausses idées économiques.

Nous ne parlerons pas de la théorie du fonds des salaires qui est encore une théorie anglaise, car les véritables collectivistes ne l'admettent pas.

M. J. Guesde, dans son opuscule sur la loi des salaires où il ne fait que développer et paraphraser la loi d'airain de Lassalle, cette loi qui veut établir que « le salaire moyen ne saurait normalement dépasser le *tantum* de la subsistance nécessaire — dans un temps et un milieu donnés — pour que l'on puisse vivre et se reproduire », M. Jules Guesde tire de la théorie du fonds des salaires un argument en faveur de sa démonstration.

La théorie et la loi d'airain du fonds des salaires sont aujourd'hui bien démodées et nous ne savons si M. Guesde voudrait encore les soutenir et les vérifier l'une par l'autre. L'opuscule du collectiviste français est en retard sur le livre de Marx, quoiqu'il ait paru près de douze ans après la publication de « Capital. »

En effet, dans ce dernier, nous trouvons déjà ces phrases significatives qui détruisent la théorie découverte par S. Mill et amplifiée par Lassalle.

« A les en croire, la somme à distribuer parmi les salaires étant donnée, il s'ensuit que si, la part revenant à chacun des partageants est trop petite, c'est parce que leur nombre est grand et que, en fin de compte, leur misère est un fait non de l'ordre social, mais de l'ordre naturel.

« En premier lieu, les limites que le système capitaliste pose à la consommation du producteur, ne sont « naturelles » que dans le milieu propre à ce système, de même que le fouet ne fonctionne comme aiguillon « naturel » du travail, que dans le milieu esclavagiste.

« Il est, en effet, de la nature de la production capitaliste de limiter la part du producteur à ce qui est strictement nécessaire à l'entretien de sa force ouvrière et d'attribuer le surplus de son produit au capitaliste. Ce qu'il aurait fallu prouver, avant tout, c'est que, malgré son origine toute récente, le monde capitaliste de la production sociale est cependant le mode irrévocable et « naturel ».

Mais même avec la manière d'être du système capitaliste, il est faux que le « fonds du salaire » soit déterminé d'avance par la grandeur de la richesse sociale ou du capital social. Puisque le capital social n'est qu'une portion variable de la richesse sociale, le fonds de salaire qui n'est qu'une partie de ce capital ne saurait être une portion fixe et déterminée de la richesse sociale ».

Marx n'admet donc pas l'existence d'un fonds déterminé à l'avance, destiné à la production, déduction faite de la partie exigée pour les machines et matières premières. Comme c'est le marxisme et non le guesdisme qui constitue le véritable collectivisme, nous n'insisterons pas davantage sur cette théorie répudiée par le chef de l'école.

La question que nous nous étions posée reste entière. Comment le salaire est-il fixé ?

Tout d'abord à quels besoins doit-il parer?

Il est entendu que l'ouvrier doit pouvoir s'entretenir; il faut bien aussi qu'on lui permette de fonder une famille et d'avoir des enfants, car le capital est intéressé à ce que le travailleur ne fasse pas défaut : les enfants sont au père de famille, ce que l'amortissement est à la machine qu'il doit remplacer. Derrière le travailleur d'aujourd'hui, ne voit-on pas monter le travailleur de demain? Le salaire doit donc comprendre les frais d'entretien et d'amortissement; c'est le minimum.

Le salaire ne doit pas s'arrêter là. Il doit permettre à l'ouvrier économe de prélever sur les sommes qu'il touchera de quoi assurer son existence contre la maladie, les accidents et la vieillesse. L'ouvrier qui fatigue et a souvent une mauvaise nourriture, est plus exposé que personne à contracter des maladies, il faut qu'il puisse faire partie d'une société de secours mutuels qui lui paiera les frais de maladie et lui assurera quelques modestes ressources pendant la période où il aura été forcé d'abandonner le travail.

Le raisonnement est le même pour les accidents. Souvent, il est vrai, les patrons assurent d'eux-mêmes les ouvriers contre les accidents, mais, peut-être y aurait-il à faire un progrès de ce côté, en rendant obligatoire l'assurance par les patrons.

L'ouvrier s'use à travailler. Il ne faut pas qu'un vieil ouvrier honnête et laborieux aille mourir à l'hôpital, il ne faut pas que cette perspective pèse sur son existence et l'assombrisse. Dans le salaire, l'ouvrier doit encore trouver les moyens de se constituer une pension pour ses vieux jours. Nous développerons, dans un chapitre spécial, nos idées à ce sujet ; pour l'instant nous ne faisons que les exposer rapidement.

Voilà, à notre avis, à quoi doit parer le salaire de l'ouvrier, ce que d'une façon moyenne il doit embrasser ; cette moyenne, le salaire peut-il l'atteindre ? dans la réalité y parvient-il ? Nous avons constaté que le salaire des ouvriers était un élément du compte du patron : il est facile de s'apercevoir que plus cet élément montera, plus les bénéfices diminueront. Les intérêts des deux parties sont donc antagonistes : cela est vrai, chaque chose restant en état ; mais si la productivité du travail de l'ouvrier augmente, les salaires peuvent monter, sans qu'inversement le bénéfice du patron diminue.

Cette nouvelle notion est très importante, car elle est le pivot de la théorie moderne du salaire et un des arguments les plus puissants contre la théorie marxiste.

En l'étudiant, nous réfuterons les assertions de Marx sur un grand nombre de points et nous n'aurons que peu à répondre, quand nous arriverons au cœur même de la doctrine collectiviste.

Elle va, en même temps, nous permettre de répondre à la question que nous avons posée quelques lignes plus haut et d'y répondre d'une façon satisfaisante : La moyenne légitime peut-elle être atteinte et comment par le salaire ?

*
* *

Qu'est-ce que la productivité du travail ? La productivité du travail est représentée par la quantité de produits qui sort des mains de l'ouvrier. La productivité diffère suivant que l'ouvrier est plus ou moins robuste, plus ou moins intelligent ou économe. Les progrès des machines augmentent la productivité, ainsi qu'une meilleure division du travail et des modes de rémunération particuliers. L'ouvrier produit plus dans le travail aux pièces, que dans le travail à l'heure ou à la journée ; en règle générale il produit davantage quand il est intéressé à l'augmentation de la production. Certaines qualités physiques particulières à certains peuples développent chez eux une productivité redoutable pour leurs concurrents voisins. Ainsi les terrassiers flamands travaillent beaucoup plus que les terrassiers français, à prix égal et de ce fait, ils ont presque le monopole de ces travaux : en Hollande, l'ouvrier tisserand a des étourdissements quand la navette tourne trop vite et il ne peut dépasser plus d'un certain nombre de tours à la minute : il y a là pour lui une cause d'infériorité vis-à-vis d'autres ouvriers ayant la tête plus solide et par suite étant plus productifs. On pourrait multiplier les exemples.

Lors de la période si féconde de 1850 à 1865, pendant laquelle l'industrie a été renouvelée, la productivité a reçu un prodigieux accroissement provenant de l'introduction des nouvelles machines.

A tous ces progrès de la productivité correspond un accroissement du salaire qui n'est pas niable. On peut arguer de l'augmentation de la cherté de la vie et prétendre que l'accroissement n'a pas été réel ; mais quand on compare sans parti-pris les hausses du salaire et des différentes denrées ou objets usuels, on constate, à n'en pas douter, un avantage évident du côté du salaire, avantage qui, au dire de M. Beauregard, n'est pas loin de 42 0/0 (1) pour une période s'étendant de 1840 à 1880.

Cette hausse parallèle au développement de la productivité est naturelle.

Quand la productivité s'accroît, une partie des capitaux devient disponible et permet un certain accroisse-

(1) V. Beauregard, *Théorie du salaire.*

ment des salaires. Sans qu'il y ait accroissement, il peut y avoir encore bénéfice, si la productivité fait des progrès dans les industries qui fournissent les éléments de vie à l'ouvrier, car, alors la concurrence fait bien vite baisser les prix. Or il ne s'agit pas pour ce travailleur d'obtenir un salaire nominal élevé, mais bien un salaire réel doué d'une grande puissance d'achat.

Quelquefois, il est vrai, l'augmentation des salaires ne correspond pas de suite à l'augmentation de productivité : c'est alors le patron qui profite d'une découverte due à son ingéniosité et fait fortune rapidement ; mais ces cas sont rares et lorsqu'ils se présentent, ils ne sont souvent que la juste compensation de longs déboires et de mauvaises chances enfin surmontées.

L'augmentation de salaire qui résulte de l'augmentation de productivité se comprend : elle s'explique théoriquement et se constate expérimentalement.

Cette notion doit donc intervenir quand on recherche la manière dont est rémunéré le travail et le taux de celui-ci nous apparaît comme étant surtout fixé d'après sa productivité. Nous reviendrons plus loin et avec plus de détails sur ces idées : leur indication nous était nécessaire ; pour le moment, elle est suffisante.

Dans des cas exceptionnels, la rémunération descend à un minimum regrettable ; mais en règle générale, elle se tient bien au-dessus du minimum d'existence et la meilleure preuve en est dans les chiffres constatés tous les jours dans les dépôts aux caisses d'épargne, aux caisses de retraite, aux sociétés de secours mutuels dans les grèves même, soutenues pendant des semaines entières et qui ne se comprendraient pas si l'ouvrier ne pouvait rien épargner ; il n'y a pas à épiloguer en ces matières ; rien n'est brutal comme les chiffres et c'est toujours eux qu'il faut consulter pour savoir exactement ce qui est, ce qui existe et ne peut être nié. Ce taux de la valeur courante dans l'avenir ne peut que monter — la baisse constante du taux de l'intérêt diminuant le chiffre des sommes affectées au paiement des intérêts des capitaux et permettant ainsi, dans une certaine mesure, la hausse des salaires.

Quant à la diminution possible des salaires, provenant d'une demande de travail trop nombreuse, elle est de moins en moins à redouter.

En effet aujourd'hui, le monde du travail est ligué contre le capital et il y a, en ces matières, plus à craindre, à l'avenir, un excès dans le sens de la hausse réclamée, qu'un recul dans les prix, recul que sauraient empêcher les syndicats en ruinant au besoin l'industrie, par des grèves intempestives.

L'analyse des faits nous a permis ainsi de constater que le taux courant du salaire était bien supérieur au minimum de la loi d'airain : il ressort de cette constatation que l'école anglaise avait tort d'affirmer que ce minimum était infranchissable et que d'une façon permanente le salaire ne pouvait lui rester supérieur : cette constatation nous sera d'un grand secours, dans notre critique de la théorie marxiste, basée presque toute entière sur les affirmations de Ricardo, Malthus, etc.

Nous avons tiré aussi de cette analyse la certitude que le taux courant du salaire est dans un rapport constant avec la productivité du travail et pour nous ce sont là des indications précieuses que, plus tard, nous utiliserons, quand nous voudrons établir la supériorité du salaire sur les autres modes de rémunération : pour le moment, nous avons résolu la question de savoir si le taux moyen du salaire pouvait être atteint. L'expérience nous a montré la possibilité non seulement d'atteindre cette moyenne, mais même de la dépasser et des raisons théoriques nous ont fait comprendre ce que l'expérience nous révélait; c'est tout ce que nous voulions démontrer. On peut donc dire, sans crainte, que les intérêts des patrons et des ouvriers, ne forment pas suivant l'expression chère aux socialistes, deux antagonistes.

Quand nous avions établi les éléments du compte patronal nous y avions fait entrer le salaire des ouvriers, qui faisait ainsi partie du prix de revient : comme le bénéfice du patron réside dans la différence entre ce prix et le prix de vente, on pouvait craindre que ce dernier ne cherchât à abaisser le plus possible le prix de revient, afin d'obtenir le plus grand bénéfice possible. Le fait s'est présenté quelquefois, mais dans la généralité des cas, les patrons ont eu plutôt intérêt à développer la productivité de l'ouvrier, par une amélioration des prix, une élévation du taux des salaires, et en agissant de la sorte, ils ont servi au mieux leurs intérêts : l'augmentation de productivité leur a, en effet, permis de maintenir et même d'augmenter leurs bénéfices, tout en rémunérant bien les travailleurs et l'expérience a ainsi démontré que l'association des intérêts patronaux et ouvriers était le seul moyen de concilier sinon les exigences, au moins les désirs légitimes des facteurs de la production.

Il nous faut maintenant suivre dans sa marche le raisonnement collectiviste et examiner la valeur de ses assertions. Il a des idées spéciales sur la valeur de la force de travail, ce sont ces idées qu'il nous reste à étudier. Écoutons sa démonstration.

CHAPITRE IV

Le capitaliste, dit Marx, après avoir acheté des matières
premières et tout ce qui est nécessaire à l'accomplissement du travail, cherche la force de travail indispensable pour mettre en œuvre ces éléments passifs de la
production. Cette force de travail, il la trouve et l'a-
chète à son prix courant : il achète la *valeur d'échange*
de la force de travail.

Cette valeur d'échange est la valeur acquise par la
force de travail, en présence de l'offre de travail.

Supposons qu'elle soit égale à 4 francs, c'est-à-dire
que 4 francs soit la somme nécessaire pour entretenir la
force vendue ; comme nous évaluons en durée, l'unité
de mesure étant le temps moyen, supposons aussi que
la durée de travail représentant les quatre francs, soit
de 6 heures ou autrement qu'un travail de 6 heures soit
nécessaire pour produire 4 francs ; au bout des 6 heures,
l'ouvrier ayant produit un travail équivalent à sa paie
devrait être libre. Mais il n'en est pas ainsi dans l'organisation capitaliste. L'ouvrier vend sa force de travail
pour une journée : or jamais cette journée ne s'arrête
aux heures dues par l'ouvrier, à 6 heures, dans notre

hypothèse. Le patron, au contraire tend à augmenter le plus possible la journée, parce qu'à partir du moment où l'ouvrier ne travaille plus pour retrouver la force de travail payée, à partir de la 7e heure, dans notre espèce, le travail fourni est pour le patron exclusivement. C'est comme si l'ouvrier faisait cadeau au patron de ces heures supplémentaires et la journée étant de 12 heures dans notre hypothèse, le patron fait ainsi un bénéfice de 6 heures. Marx appelle capital variable, la partie du capital qui se transforme en force de travail et change de valeur dans la production et par le fait de cette production. La partie du capital, qui par le fait de la production ne change pas la grandeur de sa valeur, est le capital constant.

Il appelle encore travail nécessaire, le travail que l'ouvrier est obligé de fournir pour retrouver l'équivalent de la valeur journalière de sa force de travail. Le travail dépensé pour le plus grand profit du capitaliste est le surtravail. Le rapport entre le surtravail et le travail ou entre la plus-value ou bénéfice du patron sur l'ouvrier et le capital variable constitue le taux de la plus-value, cette source du capital, au dire des collectivistes.

Voilà comment Marx explique la formation du capital.

L'ouvrier forcé, d'après sa théorie, de vendre sa force de travail pour vivre le fait pour un certain prix déterminé par la concurrence ; ce prix est donné par le capitaliste pour une journée, mais il se trouve que le travail fourni pendant toute la journée dépasse le travail nécessaire pour l'entretien de la force journalière du travailleur et alors notre collectiviste conclut que l'ouvrier est volé. C'est la vieille formule qui reparaît « avec son salaire, l'ouvrier ne peut pas racheter son produit » elle

date de Proud'hon et n'est pas meilleure sous la plume
de Marx que sous celle de son prédécesseur.

Et pourquoi l'ouvrier pourrait-il racheter son produit ?
Est-ce que ce produit est son œuvre exclusive ? L'ouvrier
n'est pas seul quand il travaille. — Et la machine, qu'elle
sera sa rémunération ? on l'amortira, dit Marx. — C'est
tout ? Et l'intérêt des sommes qu'elle coûte ? Et la coopération qu'elle apporte au travailleur ? Elle doit avoir sa
part dans la confection du produit, tout comme le travailleur.

Et le patron, qu'en fait Marx ? C'est pourtant lui qui
a réuni les matières premières, cherché des ouvriers,
prévu les goûts de la clientèle, payé les loyers, acheté
des machines, qui, en résumé, a risqué une entreprise ?
Marx ne souffle mot du patron : c'est un oubli bien extraordinaire pour un homme qui se perd si volontiers dans
les minutieux détails d'une trop profonde analyse. Mais
il faut bien trouver l'origine du capital et comment
faire pour résoudre le fameux problème si l'idée du patron vient déranger les combinaisons ? Ainsi, il est bien
entendu que la plus-value provient du travail non payé.
Quelle conclusion en tire Marx ? Raisonnablement,
puisque l'ouvrier n'est plus payé au bout d'un certain
nombre d'heures, il devrait quitter l'ouvrage au moment
où il en a donné au patron pour son argent.

Mais voilà où commence la difficulté : indépendamment du nombre d'ouvriers qui ne demande qu'à travailler, fût-ce même à bas prix, ce qui donne au travailleur la
conviction d'être remplacé, s'il quitte son travail, il y a
une hésitation qui fatalement va se faire jour dans la
cervelle de l'ouvrier et l'arrêter dans sa réclamation, hésitation provenant de la difficulté pour lui et même pour
les autres d'apprécier exactement combien il lui faudra

travailler de temps afin de donner l'équivalent de ce qu'on lui paie. Ces évaluations, faciles sur le papier, le sont beaucoup moins dans la pratique et d'ailleurs, dans le travail à la tâche, le travail aux pièces, elles n'auraient plus raison d'être. Là, l'ouvrier est rémunéré d'autant plus qu'il travaille davantage. Marx le nie et prétend même que c'est une forme plus perfectionnée d'exploitation. Il assure qu'on a déterminé par expérience la valeur d'un objet d'après la valeur produite en une journée moyenne de temps et il dit que de cette façon, l'ouvrier a encore moins à gagner que dans le travail à la journée, car les malfaçons sont pour lui. En admettant la valeur de ce raisonnement provisoirement, l'objection reste entière pour le travail à la journée. Comment apprécier le travail de l'ouvrier dans le produit ?

Le grand argument de Marx est que jamais le patron ne paie à l'ouvrier son travail, mais seulement sa force de travail.

Sur ce point nous sommes de son avis, mais qu'est-ce que cela prouve ? Simplement qu'il est impossible d'apprécier exactement le travail de l'ouvrier dans un produit, de l'abstraire de ce produit.

Le patron, la machine et l'ouvrier concourent à la production ; nous avons déjà esquissé le rôle du patron dans la production ; en étudiant plus loin celui de l'ouvrier, en examinant d'un peu près le contrat qui le lie au patron, nous trouverons la vraie solution et réfuterons ainsi ces prétentions incroyables de Marx, de vouloir calculer et rémunérer directement la part de l'ouvrier dans le produit.

Pour le moment, il nous faut quelque peu insister sur la manière dont, suivant Marx, se forme le capital aidé dans cette formation par le mode de rétribution capitaliste, le salaire. Nous sommes au cœur de la théorie et il importe, étant donné que nous en connaissons les grandes lignes, de pénétrer dans les détails.

Il est intéressant de voir avec quelle désinvolture, sous des apparences de profond et subtil raisonnement, Marx résout la question qu'il s'est posée au début de son œuvre. Le capitaliste, dit-il, achète la force de travail sur le marché à un prix qui représente sa valeur d'échange ou simplement sa valeur d'après la terminologie que nous avons adoptée. Puis il consomme la valeur d'usage ou l'utilité de cette force. Quand il revient sur le marché avec ses matières premières transformées, imprégnées de force de travail et devenues produits, il trouve moyen de vendre ces produits en faisant un bénéfice, bien que, d'après des calculs mathématiques, la valeur des marchandises dût être égale au prix de vente.

Supposons, en effet, que cinq kilos de filés soient produits par la transformation de cinq kilos de coton et que cette transformation nécessite, en évaluant l'usure des broches et le prix du coton en journées de travail ou en heures de travail à deux journées de travail ou à 24 heures, que cette transformation nécessite 30 heures de travail, en joignant aux 24 heures précédentes 6 heures de travail d'ouvrier. Si nous doublons, nous obtiendrons pour une journée de travail de 12 heures, 10 kilos de filés qui contiendront 5 journées de travail d'ouvrier. Traduisons en chiffres : la journée de travail de l'ouvrier est de 4 francs par exemple ; évaluons à 16 francs les deux autres journées qui représentent la valeur du coton et l'usure des broches, nous aurons 20 francs pour 5 kilos de filés, ce qui met le kilo à 4 francs.

N'oublions pas que les 4 francs représentent la valeur journalière de la force de travail de l'ouvrier et que, d'après Marx, il faut 6 heures de travail pour équivaloir à cette somme, dans notre hypothèse. Dans tous ces raisonnements, il faut évidemment fixer arbitrairement les chiffres, mais la manière de raisonner reste la même.

Voilà donc 5 kilos de filés qui contiennent deux journées et demie de travail et valent 20 francs, ce qui met le kilo à 4 francs.

Marx ne dit pas que contenant deux journées de travail valant 16 francs et une demi-journée de travail d'ouvrier, à 4 francs la journée, les filés valent 18 francs, ce qui semblerait logique puisque l'ouvrier n'est payé que 4 francs pour toute la journée et qu'il trouve moyen de produire 5 kilos de filés en une demi-journée. Non, pour lui, les 4 francs qu'on paie à l'ouvrier représentent 6 heures de travail ; si l'ouvrier travaille 12 heures, c'est 6 heures dont il fait cadeau au patron, dont il est forcé de lui faire cadeau, puisque la concurrence entre ouvriers fixe les prix.

On voit maintenant la conclusion : 5 kilos de filés contenant 2 journées et demie de travail et valant 20 francs, les 10 kilos produits pendant la journée valent 40 francs ; 20 + 20 = 40 : 40 divisés par 10 donnent 4 francs pour le kilo. Le prix du kilo est le même que précédemment et cependant il y a bénéfice. Ce bénéfice provient de la demi-journée de travail non payé. Voilà la plus-value, voilà l'origine du capital, le problème est résolu.

Il y a de cette démonstration à retenir une idée essentielle, c'est que Marx considère l'ouvrier comme frustré parce qu'on ne lui paie que sa force de travail et non son travail, c'est-à-dire la valeur du produit. Pour lui travail et produit sont synonymes. Cela n'est pas douteux et cette idée éclate à presque toutes les pages du livre.

« Ce que le capitaliste paie, c'est non le travail, le

» produit, mais la force de travail, la faculté de produire.
» L'ouvrier, dit-il, n'est pas payé pour son travail, car
» au moment où il le vend, il n'est pas encore produit :
» sans cela, il le vendrait comme une marchandise, ce
» qui n'a pas lieu. Il vend donc sa force de travail. »
Chapitre XVIII.

Ici nous pouvons saisir combien la réprobation dont
il enveloppe le salaire s'explique par sa théorie sur la
formation du capital. En effet « la forme salaire ou
» paiement direct du travail fait disparaître toute trace
» de la division de la journée en travail nécessaire et
» sur-travail, en travail payé et non payé, de sorte que
» tout le travail de l'ouvrier libre est censé payé ».

Si l'on prend une journée de douze heures produisant
une valeur de 6 francs dont la moitié équivaut à la valeur de la force de travail, Marx remarque qu'on arrive
à cette a. rdité qu'un travail de 3 francs crée une valeur de 6 francs, or, on ne peut arriver à cette absurdité
qu'en confondant la valeur de la force avec la valeur de
sa fonction.

L'idée est palpable, évidente. La valeur du produit
provient du travail de l'ouvrier. Travail et produit se
confondent.

Dans sa fureur contre le salariat, qui permet une telle
exploitation de l'ouvrier, Marx va jusqu'à lui préférer
le servage ou l'esclavage. Dans le servage au moins,
on savait à quoi s'en tenir ; la corvée faite pour le sei-
gneur n'avait pas l'apparence d'un travail profitant au
serf. Et dans l'esclavage c'était encore mieux, car l'esclave ne se rendant pas compte que pendant une partie de la journée, il travaillait pour lui, devant remplacer la valeur des substances qui l'entretenaient, il avait
bien tort de croire que tout son travail devait profiter à

son maître et il n'était pas si exploité qu'il le paraissait. Avec le salariat, l'ouvrier est volé et il ne s'en doute pas : c'est ce qu'il y a de plus pénible.

Et comme, dans l'organisation actuelle, les patrons sont ingénieux à augmenter la plus-value et par suite leur capital !

Si le salaire est au temps, on trouve moyen d'allonger la journée de travail ; l'ouvrier est, peut-être, payé d'abord un peu plus, mais cette prolongation produit l'effet d'un retrait dans la demande de travail, un ouvrier pouvant à la rigueur exécuter l'ouvrage de deux ; d'où un bénéfice double pour le patron qui voit les prix baisser grâce à la concurrence et gagne à la durée extraordinaire de la journée.

Les progrès de la manufacture ont permis, d'un autre côté, d'utiliser les femmes et les enfants qui travaillent à bas prix : nouvelle source de bénéfices, cet afflux de travail sur le marché, faisant nécessairement encore baisser les prix.

Les patrons recherchent aussi les progrès de la productivité du travail dans les industries qui fournissent à l'ouvrier les objets de première nécessité : le prix de la vie baissant, le salaire qui rémunère la valeur de la force journalière de travail diminue en proportion.

Le salaire aux pièces ne trouve pas grâce devant Marx, au contraire, il trouve que le salaire aux pièces est la forme de salaire la plus convenable au mode de production capitaliste.

Les ouvriers croient être payés d'après le travail fourni. C'est une erreur et nous avons indiqué plus haut comment Marx le démontre.

De plus, avec cette forme de salaire, l'ouvrage doit être d'une qualité moyenne pour que la pièce soit payée au prix convenu. Il favorise les patrons dont il supprime la surveillance et il pousse les ouvriers à se surmener et à se faire concurrence, d'où baisse des prix et profit pour le capitaliste.

Voilà bien des critiques et si le principe d'où part Marx était vrai, le salaire en effet serait un grand coupable, car il voilerait la plus odieuse des exploitations; mais le principe est faux, nous l'avons déjà démontré en partie et nous allons compléter la démonstration : auparavant, voyons si les critiques du collectiviste contre le salaire ne renferment pas quelque chose d'exact.

On a déjà pu s'apercevoir qu'elles contiennent en germe la fameuse revendication des trois huit et la réclamation d'une intervention de l'État dans la réglementation des heures de travail. Nous examinerons dans la seconde partie de cette étude la question de savoir dans quelle mesure l'État doit intervenir lorsqu'il est appelé à le faire ; prenons position dès à présent. Nous écartons absolument l'intervention de l'État dans la réglementation du travail des adultes ; ceux-ci ont assez de moyens d'action pour peser sur les patrons, quand ils trouvent qu'on les surmène, et ils peuvent parfaitement bien, en ces circonstances, se passer de l'État.

En ce qui concerne les femmes et les enfants, nous croyons l'intervention de l'État légitime et même nécessaire ; il y a là une question d'avenir national, tant au point de vue de la race que de la défense du pays et l'État ne peut s'en désintéresser.

Ces observations présentées, il nous faut remarquer que plusieurs des constatations de Marx sont justes : il est incontestable que l'emploi des femmes et des enfants en se généralisant diminue les places et fait baisser les prix : dans certaines industries même, les ouvriers se refusent à accepter les femmes parmi eux, prétendant non sans raison que cette concurrence leur est redoutable.

C'est une objection du même genre que celle qui est faite à chaque nouveau perfectionnement dans l'industrie, à chaque progrès du machinisme et en fin de compte c'est l'éternelle question causée par le progrès qui se dresse devant nous. Nous n'avons pas à nous y arrêter, personne ne soutenant plus que le monde doive rester stationnaire sous le prétexte que dans la marche en avant, il y a toujours des traînards ou des écloppés.

Qu'y a-t-il encore de vrai dans les critiques de Marx ?

Il y a encore quelque chose de vrai, en ce sens, que dans des cas qui tendent à devenir de plus en plus rares, de nos jours, le patron a réellement abusé de l'ouvrier, soit en lui imposant une durée excessive de travail, soit même, quand il le payait aux pièces, en escamotant une partie de l'ouvrage qui restait impayée. Nous en avons eu sous les yeux des exemples regrettables, mais, hâtons-nous de le dire, avec l'organisation actuelle des ouvriers, ces faits sont devenus presque impossibles. Les patrons auxquels nous faisons allusion avaient pour excuse l'âpreté de la concurrence qui ne leur permettait pas de faire d'autre bénéfice ; c'est une excuse qui n'est pas des meilleures et on ne peut que souhaiter aux patrons dans leur intérêt même, de n'avoir plus, à l'avenir, à l'invoquer.

Nous avons tenu à constater que Marx avait quelquefois raison, parce que, d'une part, il est loyal de reconnaître que son adversaire peut n'avoir pas tort, et que, d'autre part, les critiques exactes noyées dans un fatras de déclarations erronées peuvent servir, ne fût-ce qu'à accomplir un progrès et corriger un abus. A présent attaquons de front la théorie et essayons de combattre son raisonnement.

CHAPITRE V

Le patron, dit Marx, fait un bénéfice, un bénéfice qui donne naissance au capital, parce qu'il paie à l'ouvrier sa valeur d'échange et touche la valeur d'usage ; autrement dit, il achète une force de travail sur le marché et fait travailler cette force.

C'est tout naturel : le patron achète des machines pour s'en servir et il loue des ouvriers pour les faire travailler. Le patron, l'ouvrier et la machine concourent à fabriquer un produit. Le patron, s'écrient les socialistes, mais il ne fait rien du tout ; il ne fait qu'empocher des dividendes. Entendons-nous ? Il y a patrons et patrons. Le patron auquel nous ferons toujours allusion au cours de cette étude, est celui dont on dit vulgairement qu'il est « l'âme de l'entreprise » ; c'est l'homme intelligent, audacieux qui réunit des capitaux s'il n'a pas de fortune personnelle et lance une affaire. Pour être patron, il faut de la volonté, de l'intelligence, du flair, qualités qui ne sont pas communes. Si on fait allusion à l'homme riche qui place des capitaux dans une usine, c'est autre chose ; ce n'est plus un patron, c'est un capitaliste. Il touche l'intérêt de son argent et c'est assez juste, puisque cet argent court des risques : voudrait-on qu'il le prêtât sans espoir de rémunération ? Il est vrai que, parfois, il touche aussi des dividendes, mais ces dividendes ne sont après tout que de gros intérêts et c'est tant mieux pour lui, s'il a habilement choisi ses placements. Si vous récriminez contre cet état de choses, vous tombez dans la question sociale : pourquoi les uns sont-ils riches et les autres n'ont-ils rien ? Affaire de chance ! Il y a là un facteur que vous n'êtes pas près de supprimer et d'ailleurs, la médiocrité universelle peut-elle être un idéal ? Le patron qui est à la fois capitaliste et travailleur touche des deux mains quand il y a bénéfice ; comme capitaliste, l'intérêt de ses capitaux ; comme travailleur et travailleur en chef, la part de bénéfices qui lui revient légitimement et qui est due à ses qualités personnelles de direction, d'habileté et de travail.

Il faut fermer les yeux à la lumière pour nier cette part du patron dans un produit qui, sans son initiative, n'existerait même pas.

Marx ne s'occupe que de l'ouvrier parce que sa préoccupation est de trouver l'origine du capital dans la plus-value et il aboutit ainsi à des exagérations monstrueuses.

L'écart entre la valeur en usage et la valeur en échange constitue seul, pour lui, le capital. Il faut donc démontrer que cet écart peut exister. Quel est le terme le plus faible qu'on retranchera pour obtenir le capital ? C'est la valeur en échange ou autrement le prix sur le marché de la force de travail. Cette valeur est donc toujours inférieure à la valeur en usage ? Dans la théorie collectiviste elle lui sera toujours inférieure, étant donné que Marx considère, d'une part, le salaire comme ne de-

vant jamais dépasser le minimum, et d'autre part la valeur en usage comme égalant la valeur du produit, déduction faite des matières premières.

Cette assertion renferme une double erreur. Tout
d'abord, comment le vendeur et ici nous reprenons l'exemple de Marx, comment le producteur allant sur le
marché vendre sa marchandise, l'afficherait-il à un prix
tel qu'il rentrerait dans ses frais tout simplement, en
supposant qu'il ait payé à l'ouvrier ce qu'il lui devait?
C'est absurde.

Mais, objectera-t-on, si le patron vendeur était obligé
de payer à l'ouvrier ce que vaut exactement son travail,
il hausserait ses prix. C'est évident; sans cela, il serait
bientôt obligé de déposer son bilan. Voit-on un industriel s'amusant à couvrir uniquement ses frais de production, à fabriquer pour fabriquer?

Alors dans ce cas, dirons-nous, où le capital ira-t-il
prendre naissance, puisque vous aurez tari sa source,
en supprimant la différence entre les deux valeurs?

Marx répondra que cette suppression n'est pas possible : mais ce n'est pas une réponse. Supposons qu'un
objet absolument nécessaire soit très demandé et que le
patron ait des ouvriers qui exigent des prix exorbitants :
si le public consent à une élévation des prix et il y con-
sentira, puisque dans notre hypothèse il ne peut se
passer de l'objet, on ne pourra dire que le bénéfice réalisé l'aura été sur les ouvriers. Le patron aura augmenté
le prix de son objet de la somme que réclamaient ses
ouvriers, et il aura gardé le bénéfice qu'il réalisait auparavant.

Qui aura donc constitué le bénéfice, après comme
avant? Le public acheteur qui payera très cher dans le

second cas le service qu'on lui rendra en mettant l'objet désiré à sa disposition.

Il y a donc une première erreur à prétendre que la différence entre les deux valeurs, différence qui serait l'unique source du capital, ne puisse jamais être comblée et que par suite ce soit toujours uniquement l'exploitation de l'ouvrier qui permette au patron de faire des bénéfices. Nous venons de montrer théoriquement qu'il peut parfaitement arriver que l'ouvrier élève ses prétentions bien au-dessus de la valeur même de l'ancien produit et qu'alors c'est le public qui paie et constitue le bénéfice et, par suite, le capital. Voyons maintenant ce que valent pratiquement les assertions du collectivisme. Sur quoi s'appuie Marx pour prétendre que la valeur en échange sera toujours inférieure à la valeur en usage ? Il s'appuie sur ce fait que la population ouvrière est toujours en excédant et prête à accepter les offres du capital.

Quelquefois, il est vrai, la demande du capital est plus forte que l'offre du travail et les salaires peuvent monter, mais cette hausse due à l'accumulation du capital n'est qu'accidentelle et n'est jamais bien forte, et bientôt la somme consacrée aux salaires venant à s'élever, entrave la marche du capital, d'où retour aux anciens salaires.

Notre collectiviste découvre une loi qui distingue l'époque capitaliste et correspond à son mode de production particulier : la loi de population.

En vertu de cette loi, « la classe salariée, en produisant l'accumulation du capital et à mesure qu'elle y réussit, produit elle-même les instruments de sa mise en retraite ou de sa transformation en surpopulation relative ».

Surpopulation relative, parce que c'est une surabondance de population produite, non par un excès de naissances, mais par le jeu de la production capitaliste qui lui permet de se passer d'une partie plus ou moins considérable de ses ouvriers.

A chaque progrès des machines, une partie de la population ouvrière est rendue disponible : il y a bien ensuite un développement mécanique qui appelle le travail, mais, tout aussitôt, on découvre un nouveau moyen mécanique de se passer d'un certain nombre d'ouvriers ainsi rejetés en dehors de l'atelier, et cette population sans travail va toujours en croissant. C'est l'armée industrielle de réserve, toujours prête à donner pour rien son travail, toujours à la merci du capital. La loi de l'offre et de la demande voit ainsi son jeu faussé par le capital qui crée l'accumulation des capitaux et en même temps des travailleurs surnuméraires, et rend une hausse un peu sérieuse presqu'impossible. L'armée de réserve est incessamment grossie par les ouvriers adultes renvoyés pour faire place aux enfants et aux femmes moins payés que les hommes, par l'abondance des naissances dans le monde de la misère, par les déclassés de toute catégorie et enfin par tous les misérables dont le gagne-pain a été supprimé par les progrès de l'industrie.

C'est grâce à cette surpopulation, fruit de la production capitaliste, que le salaire est toujours au-dessous de sa valeur normale.

Il y a quelque chose de vrai dans ces observations ; le progrès ne se fait pas sans ruiner certaines industries, sans rendre disponibles un certain nombre d'ouvriers, sans créer un malaise passager. Les crises de surproduction contribuent aussi à grossir le rang des ouvriers momentanément sans travail. Mais est-ce à dire pour cela que le salaire reste et devra rester un salaire minimum ? Non et Marx reconnaît lui même qu'à certaines époques, l'ouvrier peut avoir une nourriture plus abondante, des vêtements plus propres et un peu plus d'argent personnel de côté ; il est vrai qu'aussitôt, il ajoute que cette augmentation du salaire n'indique au mieux qu'une diminution relative du travail gratuit que doit fournir l'ouvrier.

C'est l'idée fixe qui reparaît ; mais en poussant un peu plus loin le raisonnement, ne peut-on pas aboutir à cette conclusion que la plus-value disparaîtrait si le salaire continuait à monter et à gagner le niveau de la valeur d'usage ? Nous prenons acte de cette concession de Marx sur l'abandon possible du minimum de salaire et nous ne pouvons que renvoyer maintenant à ce que nous avons déjà dit sur la fixation actuelle des salaires. Qu'on veuille bien parcourir les différents tarifs des salaires donnés à la classe ouvrière et l'on s'apercevra bien vite de la fausseté des raisonnements de Marx. Puisque le collectivisme a toujours la pratique en vue, consultons la pratique et nous y trouverons le plus formel démenti à ses assertions.

Un autre facteur apparaît, d'ailleurs, dès à présent, dans la fixation des salaires : nous faisons allusion aux syndicats ouvriers dont le développement en ce moment est énorme et l'action colossale. Nous aurons à examiner en détail l'effet de la loi de 1884 sur la condition de la classe ouvrière et nous constaterons les effets curieux et surtout inattendus qu'elle a produits.

Un des premiers desiderata des syndicats, desiderata appuyés généralement par des grèves fortement organisées, a été l'élévation des salaires et très souvent ce desideratum a été satisfait. Or, en ces matières, on avance plus qu'on ne recule et si, à l'avenir, la loi de l'offre et de la demande se trouve faussée, nous croyons bien, au rebours de ce que pensait Marx, que ce ne sera pas du fait du capital.

L'expérience de la pratique nous a démontré la première erreur contenue dans l'assertion marxiste.

Cette assertion en renferme une autre tout aussi éclatante. Marx nous dit : La valeur en échange ne peut pas atteindre la valeur en usage.

Nous avons démontré que la valeur en échange pouvait atteindre la valeur normale et même la dépasser dans des proportions exagérées : C'est tout ce que nous pouvions démontrer, car il est impossible de vouloir réfuter directement l'axiome collectiviste, la valeur en usage ayant une équivalence toute particulière dans cette théorie.

Marx appelle valeur en usage, l'utilité créée par la force de travail de l'ouvrier. Ce dernier ayant travaillé pendant 12 heures à un produit, a donné à ce produit la valeur de 12 heures de travail, il l'a imbibé de son travail. D'où la conclusion qu'indépendamment des matières premières qui n'ont fait que se transformer, la valeur du produit provient de la quantité de travail qui a été ajoutée et qu'on mesure par le temps dépensé.

Si sur 12 heures de travail, 6 ont été dépensées pour couvrir les dépenses d'achat de force du travail, les 6 autres ont été dépensées à créer de la valeur nouvelle.

Le travail humain conserve la valeur antérieure et en crée de la nouvelle. Nous retombons ainsi dans la théorie de la plus-value.

Dans notre espèce, toutes matières premières déduites, force de travail comprise, la seule, l'unique valeur du produit provient des heures de travail de l'ouvrier, qui ne correspondent pas à ce qui est nécessaire à son entretien et à son renouvellement.

La première réflexion qui vient à l'esprit en présence de cette étrange assertion est que Marx, en plaçant l'ouvrier en présence de matières premières et en ne s'occupant que de lui, oublie que dans la réalité cet ouvrier n'est pas seul. On lui fournit les matières premières et il les transforme en un produit, mais il ne fait que cela ; il collabore, si l'on veut, à la confection du produit, mais il ne peut avoir la prétention d'en être l'unique auteur.

Supposons qu'il fabrique un objet demandant une certaine idée artistique. Il applique son intelligence et son savoir-faire à fabriquer une tapisserie, par exemple : il suit un dessin fait par un autre que lui ; cet autre peut être le patron si nous choisissons pour notre exemple une fabrique particulière. C'est le patron qui a cherché un sujet, combiné les poses, campé les personnages, assorti les couleurs. L'ouvrier, de son côté, tâche de rendre l'inspiration du maître et de faire œuvre d'art professionnel : il a un rôle important, soit, mais est-il le seul auteur jouant dans la pièce ? Le patron au moment où l'ouvrier travaille, est dans la coulisse, mais son rôle, terminé pour l'instant, ne concourt-il pas au but de l'œuvre ?

La tapisserie mise en vente, l'ouvrier sera-t-il en droit de prétendre que son travail seul lui a donné de la valeur ? Et pourrait-il avoir un instant l'idée d'évaluer cette valeur au prix de ses journées, fussent-elles mêmes doublées ?

Nous avons choisi cet exemple, nous aurions pu en prendre d'autres dans des milieux moins artistiques, dans des milieux où l'on confectionne des objets de nécessité courante. Le raisonnement serait toujours le même. L'œuvre du patron, ne fût-elle qu'une œuvre de surveillance et de direction, fait sentir son influence dans la confection du produit.

Il est donc insensé de ne voir que l'œuvre de l'ouvrier en face des matières premières, car cette œuvre n'est pas isolée. Aussi disions-nous plus haut qu'avec un pareil raisonnement le salaire ne serait jamais égal à la valeur en usage et que la question ainsi posée était insoluble.

Un objet renferme 20 francs de matières premières, 10 de salaire ; le patron le met en vente à 40 francs. D'après Marx, dans les 40 francs, les 20 francs de matières premières écartés, il ne faut voir que le travail de l'ouvrier et cependant, dit-il, jamais vous ne verrez, toutes choses égales d'ailleurs, le salaire égal à 20 francs.

Ne voilà-t-il pas un raisonnement admirable ?

Eh ! certes non, jamais le salaire, dans cette espèce, ne sera, toutes choses égales, de 20 francs. Le prix de vente est calculé sur les frais de confection qui comprennent les salaires et bien d'autres éléments constituant le prix de revient : la différence entre le prix de vente et le prix de revient constitue le bénéfice du patron, la rémunération de toutes ses charges.

Si le patron était obligé d'augmenter les salaires et qu'il put le faire, sans craindre de perdre sa clientèle, croit-on, par hasard qu'il diminuerait son bénéfice ? La véritable raison de cette impossibilité pour le salaire d'atteindre le prix de vente, c'est que ce dernier est fixé sur le prix de revient augmenté d'un bénéfice. Nous avons déjà insisté sur ce point. Sauf le cas d'une concurrence effrénée, le véritable bénéfice du patron réside dans le paiement du service rendu à l'acheteur. Il est évident que, dans les conditions ordinaires, l'ouvrier ne peut pas considérer son salaire, même le plus élevé possible, comme devant être égal au prix de vente de l'objet qu'il a aidé à produire, même en faisant déduction de la valeur des matières premières, car dans ce prix, nous le répétons, est comprise la rémunération de travail du patron et la rémunération du service rendu au client.

Voilà ce qu'on peut répondre à cette deuxième et extraordinaire assertion de Marx.

Nous espérons avoir ainsi démontré que les deux termes de la proposition étaient ou insoutenables ou démentis par les faits. La conclusion se dégage d'elle-même de cette démonstration.

La plus-value provenant de ce que l'ouvrier ne reçoit pas tout ce qu'il devrait recevoir n'est pas l'unique source du capital. Nous avons déjà pris acte, au début, de ce que Marx reconnaissait qu'un premier capital était nécessaire ; maintenant nous venons de démontrer que, quelquefois, la plus-value spéciale provenant de salaires insuffisants existe et permet au patron de faire des bénéfices, mais qu'elle peut parfaitement ne pas exister et qu'alors on ne pourrait expliquer la formation du capital.

Marx a été amené à trouver cette origine au capital, parce qu'il méconnaît la productivité de l'échange qui est la véritable source du capital en dehors de l'épargne et parce qu'il assigne à la force de travail une valeur qu'elle n'a pas et qu'elle ne peut pas avoir. Cette dernière erreur provient d'une analyse inexacte de la production, dans laquelle le rôle du patron a été complètement laissé de côté, oubli qui a conduit Marx à des conclusions fantastiques.

Le salaire, mode de rémunération représenté comme spécial à l'époque capitaliste, ce qui est déjà une erreur, avait été attaqué comme voilant la manière dont le patron volait l'ouvrier.

Les deux questions se tenant de fort près, il fallait

démontrer que ce vol n'existait pas: la démonstration faite, les attaques contre le salaire tombent d'elles-mêmes. Le salaire, mode de rémunération fort répandu mais non particulier à la société capitalistique, ne doit donc pas disparaître sous la réprobation dont le couvrent les collectivistes. Pour le condamner, il eût fallu prouver qu'il servait à dissimuler aux yeux de l'ouvrier l'exploitation honteuse du patron.

Cette preuve a été tentée et nous venons de constater son complet avortement.

La plus-value, cette source du capital, dans la nouvelle école socialiste, devrait résulter de la différence entre deux niveaux arbitrairement fixés. L'un de ces niveaux n'est pas invariablement fixe, comme on le prétendait : l'autre est déterminé d'une façon invraisemblable.

Ce n'est pas sur des raisonnements construits d'une manière aussi fantaisiste qu'on peut établir une doctrine sérieuse et condamner sans appel une organisation économique qui a fait ses preuves.

Par suite, nous sommes fondés légitimement à ne pas abandonner un mode de rétribution, aussi souple, aussi perfectible que le salariat, les critiques dont il était l'objet étant restées injustifiées.

Il nous reste maintenant à examiner en détail le salaire, à étudier la nature de ce contrat : de cette étude ressortira encore davantage, l'inanité des attaques du collectivisme. Nous verrons ensuite rapidement ce que le collectivisme, en supposant le triomphe de ses idées, mettrait à la place du mode de rétribution actuel du travail ; et enfin, nous terminerons par l'énumération des améliorations possibles du salaire et des institutions qui gravitent autour de lui, permettant au travailleur d'assurer dans la mesure du possible son existence contre les mauvaises chances de la vie.

DEUXIÈME PARTIE

—

CHAPITRE PREMIER

Étude du contrat de salaire. — Dans son essence le contrat de travail a été un contrat d'association. — Raisons qui ont amené la transformation de ce contrat et en ont fait le contrat de salaire. — Règles qui fixent le taux de ce salaire. — Nombre des ouvriers. — Productivité. — C'est dans l'accroissement de productivité qu'on peut trouver la conciliation des intérêts de l'ouvrier et du patron.

Dans la première partie de cette étude, nous avons examiné les attaques du collectivisme contre la société capitaliste. Marx a pris à partie le capital qu'il accuse de se former au détriment de la rétribution du travail et naturellement il n'a pas oublié dans son réquisitoire le salaire, considéré par lui comme un mode de rémunération spécial à l'époque capitaliste et destiné à cacher à l'ouvrier le vol commis à son préjudice.

Nous savons maintenant ce qu'il faut penser de ces attaques du collectivisme. Elles contiennent çà et là quelques observations justes dont la société peut faire son profit, mais le point de départ est faux et les déductions destinées à le vérifier sont incomplètes et erronées.

Entrons dans l'analyse du contrat de salaire pour le justifier complètement et réfuter pleinement le collectivisme.

Au début des critiques socialistes, nous avons, en

quelques mots, montré que le salaire, tel que nous l'entendions dans son sens large, était un mode de rémunération universellement répandu et qu'il ne fallait pas s'arrêter aux termes consacrés, mais aller au fond des choses : qu'alors on trouvait, sous des euphémismes plus ou moins heureux le salaire ou prix de la force de travail rétribuant un nombre infini de carrières, métiers ou professions.

C'est qu'en effet, on ne voit pas trop comment on pourrait reconnaître d'une façon palpable le travail humain, si on n'usait pas de ce moyen. Le salaire existe dans toutes espèces de sociétés et s'il n'existait pas, il faudrait l'inventer.

Quand une personne se trouve sans ressources, elle essaie d'utiliser ses bras ou son intelligence et en échange du service soit manuel soit intellectuel qu'elle rend, ou lui donne une marchandise, qui s'appelle la monnaie.

Qu'elle est la nature du contrat qui intervient entre celui qui paie et celui qui reçoit?

Nous ne nous plaçons pas au point de vue du Code, mais au point de vue économique.

A ce dernier point de vue, le contrat qui intervient et qu'on peut appeler un contrat de travail est, par essence, un contrat d'association.

Cette idée peut, au premier aspect, sembler étrange ; mais il ne faut pas oublier que si dans la pratique, par suite des besoins et des garanties à satisfaire chez certains des associés, le contrat s'est modifié et est devenu le contrat de salaire ; ce n'est pas une raison pour en méconnaître l'idée essentielle que plus d'une fois nous aurons occasion de rappeler.

La première pensée qui a dû venir aux hommes, à des époques où la civilisation était encore peu développée,

a dû être celle de s'associer, lorsqu'ils avaient des difficultés à surmonter ou des ouvrages pénibles et impor-
tants à entreprendre.

A ce moment, le capital était encore à l'état embryon-
naire et la nécessité rapprochait seulement les forces
physiques. Lorsque l'œuvre qui avait réuni les associés
était achevée, on se partageait les bénéfices que sa vente
ou son usage rapportait.

Dans ce mode de rémunération, il y a matière à critiques. L'aléa de l'entreprise et l'attente des bénéfices
peuvent écarter ceux qui n'ont pas au moins quelques
ressources disponibles leur permettant de vivre jusqu'à
la distribution du gain réalisé. Pour ne pas craindre
de déconvenue ou pouvoir subsister au jour le jour, certains peuvent donc, s'ils s'engagent à travailler, demander à être payés de suite. Leurs futurs associés y con-
sentiront peut-être, et dans ce cas leur verseront des
sommes moindres que celles qu'eux-mêmes espèrent
plus tard toucher. C'est justice, car ceux qu'on paie ainsi
ne courent plus de risques et ils sont rémunérés avant
les autres. Devant cette façon de rémunérer, les critiques
tombent, le mode de paiement étant satisfaisant.

Ce raisonnement des associés pauvres aux associés
moins pauvres, l'ouvrier le fait tous les jours au patron.
Il lui dit : « Je veux bien vous aider à confectionner tel
objet, mais je ne puis attendre la vente de cet objet pour
être payé ; d'abord j'ignore s'il se vendra et si le prix de
vente permettra de me payer ; ensuite, il faut bien que je
vive d'ici-là. Il y a donc deux raisons pour que vous me
rémunériez de suite : d'abord parce qu'il faut que je vive
et que je m'entretienne, ce qui est la condition première
pour travailler ; ensuite parce que j'ignore si vous réus-

sirez et si le résultat de notre travail commun se soldera par des bénéfices ».

Le raisonnement est juste et les raisons excellentes. Le patron consent, mais il fait comme l'associé riche dans notre première hypothèse, il retient quelque chose à l'ouvrier en échange de la sécurité dans l'avenir et de la rétribution dans le présent qu'il lui garantit. Le contrat de salaire est né.

On voit quelle transformation le contrat primitif d'association a subi.

Au lieu d'associés possédant des droits égaux sur le produit, nous sommes en présence d'associés ayant des parts inégales en apparence, mais égales au fond, puisque la diminution que les unes subissent est la contrepartie de l'incertitude et du retard dans le paiement que supportent les autres. C'est un changement dans la forme, non dans le fond.

Cette idée d'association reparaît dans certaines modifications du contrat de salaire que nous passerons en revue. Elle est utile à retenir, surtout en face des progrès du machinisme qui tendent de plus en plus à transformer l'ouvrier en un rouage vivant d'une immense machine et pourraient faire perdre de vue le caractère primordial du contrat qui lie patrons et ouvriers.

Elle est surtout nécessaire quand on a à réfuter les doctrines collectivistes ; c'est elle qui permet de rechercher la part de l'ouvrier dans le produit et de démontrer l'erreur grossière dans laquelle tombe cette théorie, en attribuant exclusivement la valeur du produit à l'ouvrier ; c'est elle enfin qui permet d'apprécier si la rétribution de l'ouvrier est en rapport avec la valeur de la force de travail vendue, dans le contrat passé entre le travail et le capital.

L'appréciation de ce rapport entre la valeur de la force de travail dépensée et la rémunération qu'elle reçoit n'est pas des plus faciles.

Quand le produit qui a exigé la collaboration du patron et de l'ouvrier est mis en vente, il est assez malaisé de déterminer d'une façon exacte ce qui revient et au patron et à l'ouvrier, dans le prix.

On peut dire que ce qui revient à l'ouvrier est déterminé par le salaire fixé à forfait, mais l'on entend bien que lorsque nous recherchons ce que vaut le travail de l'ouvrier, c'est non ce qu'il est payé, mais ce qu'il doit être normalement payé que nous voulons découvrir.

C'est une question ardue.

Le salaire est fixé au moment où le produit n'est pas encore fabriqué ; comme la part de l'ouvrier ne devrait être déterminée qu'après la vente du produit, le patron lui avance donc cette part et lui rend ainsi un service qu'il se fait payer ; de même il garantit à l'ouvrier qu'il sera payé de toutes façons, quoi qu'il arrive ; et c'est là encore une garantie que l'ouvrier doit payer.

Cette avance et cette garantie données à l'ouvrier par le patron diminuent d'autant sa part dans les bénéfices futurs ; bien mieux, elles transforment l'associé et en font le salarié ; désormais les salaires deviendront un des éléments du prix de revient et la différence entre ce prix de revient et le prix de vente constituera le bénéfice allant uniquement au patron.

Il en résulte que les intérêts des ouvriers et des patrons paraîtront désormais antagonistes.

Les ouvriers chercheront par tous les moyens à élever le taux de leurs salaires ; le patron, de son côté, fera tous ses efforts pour garder et même élever son bénéfice.

L'exacte détermination de ce que doivent payer les ouvriers pour les intérêts du prêt et la prime d'assurance que consentent les patrons est fort embarrassante.

D'un côté, les patrons, qui courent tous les risques, sont fondés à vouloir élever le taux de l'intérêt ou de la prime et, d'un autre côté, les ouvriers ont aussi de bonnes raisons à objecter à cette hausse ; ils sont forcés de subir les conditions patronales, n'ayant pas la chance d'être venus au monde capitalistes.

Une solution satisfaisante est presqu'impossible en se maintenant dans cet ordre d'idées.

Il nous faut en sortir et rechercher les règles qui président à la fixation des salaires.

Nous trouverons, dans un des facteurs de la hausse possible des salaires, l'élément de la solution que nous désirons rencontrer.

Nous avons déjà effleuré ces idées dans la première partie de notre étude, nous y revenons, en insistant sur les notions essentielles.

Quelles règles président à la fixation du taux des salaires ?

L'économiste Colden, dans une formule bien connue, dit que « lorsque deux ouvriers courent après un patron, le salaire baisse et que lorsque deux patrons courent après un ouvrier le salaire monte ».

Cette formule renferme une constatation, rien de plus. Le salaire baisse ou hausse suivant que l'offre de travail est nombreuse ou non. Pourquoi ? Colden ne le dit pas.

La raison de cette baisse ou de cette hausse est que la concurrence ici comme ailleurs, exerce son influence en faisant varier les prix. Entre deux ouvriers, dont le travail a la même valeur, le patron préfère naturellement celui qui offre le meilleur marché, comme entre deux patrons, l'ouvrier choisit celui qui est disposé à donner le plus haut salaire.

Le prix du salaire dépend donc, dans une certaine mesure, du nombre des ouvriers qui offrent leurs services.

Un autre facteur influe sur la fixation du salaire.

Il n'est pas indifférent au patron, d'engager tel ou tel ouvrier. Un ouvrier dont la force de travail a une plus grande productivité que celle d'un autre ouvrier qui se présente à l'embauchage, sera naturellement préféré, à conditions égales de prix ; il pourra même l'être, malgré une différence de prix. Si le patron juge que la somme plus élevée qu'il accorde à certain ouvrier, sera plus que compensée par la productivité de cet ouvrier, il n'hésitera pas et l'engagera.

La productivité du travail, voilà le second élément de fixation des salaires.

Cet élément est un élément de hausse ; il contrarie l'effet de la nombreuse demande de travail qui est un élément de baisse.

Entre quelles limites, ces deux influences feront-elles osciller le salaire ?

Il y a deux associés en présence dont les intérêts sont divergents ; chacun tend naturellement, lors de la répartition, à obtenir la plus grosse part, mais leurs exigences ont forcément un minimum et un maximum.

Du côté du patron, le minimum est le bénéfice indispensable qu'il veut trouver ; il n'a pas d'intérêt à produire pour occuper des ouvriers et mettre les produits à la disposition des acheteurs, sans retirer de ses opérations un bénéfice, quelque petit qu'il soit. Le patron travaille comme les ouvriers, a tous les ennuis et les inquiétudes de l'entreprise en dehors des intérêts à sauvegarder et des besoins à prévoir ; il n'est que juste qu'il ait son salaire et ce salaire est le bénéfice qu'il réalise.

Le salaire des ouvriers, ne peut donc pas augmenter de telle sorte que s'ajoutant aux autres frais de production, il supprime tout bénéfice ; si les réclamations sont trop exagérées, elles feront sombrer l'entreprise et voilà tout. Le patron préférera fermer l'établissement plutôt que manger de l'argent.

Le maximum des ouvriers coïncide donc avec le minimum du patron.

Pouvons-nous maintenant retourner la proposition et dire que le minimum des exigences ouvrières coïncide avec le maximum des bénéfices patronaux ?

Non, ce ne serait pas toujours exact.

Ce qu'il faut dire, c'est que du côté des ouvriers, c'est-à-dire dans cette partie des frais de production qui comprend le salaire des ouvriers, il arrive un moment où la compression n'est plus possible où elle a atteint son extrême limite ; de ce côté, il n'y a donc plus de gain possible et si le bénéfice vient à augmenter, ce sera du côté de l'acheteur, que l'augmentation se produira.

Il se pourra que vis-à-vis le public, le bénéfice croisse pendant un certain temps d'une façon extraordinaire, par exemple à la suite d'une découverte abaissant le prix de revient ou d'un développement de la productivité du travail, permettant de produire une quantité beaucoup plus considérable d'objets pour le même prix qu'auparavant. Cette source de bénéfices ne sera jamais bien longtemps inconnue et la concurrence fera rapidement baisser les prix ; mais pendant un temps plus ou moins long, le bénéficiaire de la découverte ou de l'invention en aura profité.

Du côté du public, dans cette hypothèse, pas de limites, en dehors de la concurrence ; du côté des ouvriers, un minimum.

Que comprendra ce minimum ?

Le prix de la vie de l'ouvrier. Nous avons déjà rencontré ce minimum.

Amené par l'influence considérable de forces de travail disponibles, il est une cause de souffrances pour la classe ouvrière, car il suffit à peine à assurer son existence. C'est un accident dans l'histoire du salaire et de nos jours, il est extrêmement rare qu'il soit atteint. Nous ne pouvons que renvoyer à ce que nous avons déjà dit à ce sujet et indiquer les ouvrages de MM. Beauregard (1) et Yves Guyot (2), dans lesquels on trouvera des tableaux et des statistiques démontrant la rareté de ce minimum et prouvant qu'en général, le salaire se tient dans une moyenne qui lui est bien supérieure.

C'est entre les limites que nous venons d'étudier que le salaire peut se mouvoir.

Toutes choses égales, a-t-il dans l'avenir des chances de progresser? Y a-t-il dans le prix de revient des éléments compressibles ?

L'expérience semble devoir être favorable à l'élévation des salaires.

Disons cependant que dans tout abaissement du prix de revient, il y a une partie dont la concurrence entre les différents producteurs fait profiter le public. En général, à un abaissement du prix de revient correspond un abaissement du prix de vente : c'est ce qui explique le bon marché de certains articles du vêtement et de l'habillement, bon marché qui a été en progressant depuis une vingtaine d'années. Quand le prix de revient

(1) *Essai sur la théorie du salaire.*
(2) *Science économique.*

s'abaisse, toute la différence ne va donc pas à l'ouvrier ; nous ne parlons pas ici du producteur qui ne profite jamais directement de cet abaissement quand il est général. Le prix de revient diminue, pour plusieurs raisons. Une des plus considérables est l'abaissement progressif du taux de l'intérêt provenant de la grande disponibilité des capitaux en quête d'un emploi. C'est un fait général et évident. On trouve facilement aujourd'hui des capitaux à 4 et 5 0/0, alors que il y a quarante ans, il fallait payer 7 et 8 0/0.

De ce chef, il y a une diminution considérable des frais de production et cette diminution à profité et profite dans une certaine mesure aux ouvriers.

Il peut y avoir encore diminution dans les prix des objets usuels et nécessaires à l'ouvrier. Et, dans ce cas, il y a augmentation du salaire réel : cette augmentation peut ne pas être nominale et cependant exister ; comme dans d'autres cas, elle sera nominale et, en réalité, n'existera pas, par exemple, si les prix ont tous haussé dans la même proportion. La hausse est encore nominale et non effective dans une certaine mesure, par suite de l'abaissement progressif de la valeur de la monnaie ; cette diminution du pouvoir d'achat des métaux précieux est certaine et dans une saine appréciation de deux tarifs de salaires, à des époques différentes, il faut la faire entrer en ligne de compte, si l'on veut obtenir des résultats à peu près exacts.

Depuis une cinquantaine d'années, on s'est livré à ces calculs et toutes corrections effectuées, on est arrivé à constater une hausse réelle des salaires atteignant 43 0/0. Mais cette hausse provient, surtout d'un élément dont nous avons déjà parlé dans la première partie de cette étude, de l'augmentation de productivité de l'ouvrier.

Ici, nous ne pouvons plus laisser les choses en état. Il nous faut rechercher, si d'une façon générale, au cours de la civilisation, la hausse est possible et pour quelle raison elle est possible. Si, dans une situation donnée, le patron fait un maigre bénéfice, si les ouvriers sont médiocrement payés, si toutes les conditions de production se trouvent dans des conditions moyennes, il n'y a pas de raisons de hausse et les salaires ne subissent que d'insignifiantes variations tenant à des causes accidentelles.

Mais si à un moment donné, il se produit une augmentation de productivité résultant soit de nouvelles machines, soit d'une meilleure division du travail, soit de tout autre motif, alors il peut y avoir augmentation des salaires, car une partie des capitaux devient disponible ou bien ceux qui sont engagés produisent davantage.

Les mêmes frais de production s'appliquant à un bien plus grand nombre de produits, la différence entre le prix de revient et le prix de vente augmente et une partie de ce prix rémunère l'ouvrier.

On peut objecter que très souvent la concurrence fait baisser aussitôt le prix de vente : mais, il n'en est pas moins vrai que dans la plupart des cas, même à côté de la diminution du prix de vente dont profite l'acheteur, il y a aussi augmentation du salaire dont profite l'ouvrier. D'un autre côté, la somme destinée à rémunérer le travail s'accroît en même temps que la consommation. Et cela explique comment tout le monde peut avoir satisfaction, producteurs et consommateurs.

Il ne faut jamais oublier qu'en cette matière le salaire des ouvriers est trouvé pour la plus grande partie dans le prix de vente et l'on comprend alors que celle-ci prenant de l'extension, l'ouvrier puisse se voir rémunérer plus largement.

Au moyen âge, le linge de corps était un objet de luxe et la chemise, pour prendre un exemple des plus prosaïques, un vêtement réservé aux classes les plus opulentes. L'augmentation de productivité du travail dans cette industrie a eu pour résultats d'enrichir les fabricants de chemises, de bien rémunérer les ouvriers et de rendre cette partie du vêtement tellement commune qu'en être privé, paraît l'indice de l'extrême misère. La hausse des salaires est donc possible parallèlement à l'augmentation de la productivité.

Quant aux moyens artificiels de provoquer cette hausse, tels que les grèves, ils ne peuvent avoir de résultats satisfaisants que s'ils interviennent dans des conditions où la hausse est possible, c'est-à-dire dans le cas où les entrepreneurs, s'obstinent à ne pas faire partager à leurs collaborateurs les bénéfices que la plus grande productivité de ces derniers leur fait réaliser.

Autrement provoquer la hausse ne peut qu'amener la ruine des industries, en tarissant leurs bénéfices, ou en fermant leurs débouchés.

En résumé, le salaire se fixe entre un minimum et un maximum : le minimum est ce qui est absolument indispensable à l'ouvrier pour s'entretenir et se renouveler, le maximum est la limite des concessions possibles du patron : entre ces deux termes, le nombre d'ouvriers, l'offre de travail fait varier le salaire dans le sens du minimum et la productivité tend à le rapprocher du maximum, toutes choses égales d'ailleurs. Quant aux progrès du salaire, ils dépendent de l'augmentation de productivité du travail ; on voit que le salaire est lié aux frais de production, comme l'ouvrier est lié au patron pour la confection du produit destiné à être vendu.

Il ne faut jamais perdre de vue cette idée.

Le patron et les ouvriers sont des collaborateurs. Les ouvriers sont placés dans une position particulière, parce qu'ils ne peuvent attendre le résultat de l'opération, mais au fond, ce sont des associés rémunérés d'une façon spéciale.

Nous sommes maintenant, en mesure de trouver la solution de la question posée plus haut : à savoir la conciliation des intérêts des patrons et des ouvriers dans le contrat de salaire.

En se transformant, l'idée d'association a pu un instant être méconnue, mais le principe nouveau, vérifié par l'expérience, que la hausse des salaires ainsi que le développement de l'industrie tenaient à l'augmentation de productivité dans le travail de l'ouvrier a ramené de nouveau l'attention sur cette idée et a convaincu les deux parties en présence non seulement de son mérite mais encore de son utilité.

Dans une période de transition entre le contrat d'association et le contrat nouveau de salaire, la part de l'ouvrier a pu être fixée arbitrairement, bien qu'alors, on ait dû cependant s'arrêter au minimum indispensable pour vivre. Avec le contrat de salaire, le minimum n'est plus qu'une exception et le salaire moyen tel que nous l'avons établi est devenu la règle.

L'idée d'association reparaît aujourd'hui transformée ; prenant pour base le salaire moyen, le prix du travail est susceptible de monter d'une façon presqu'indéfinie, en raison de l'augmentation de sa productivité. Les seules limites à cette hausse sont fixées par la concurrence ; par la concurrence entre ouvriers de même habileté et par la concurrence entre patrons toujours disposés à abaisser le prix de revient et le prix de vente pour s'assurer la faveur du public.

En unissant leurs efforts, le patron et l'ouvrier ont donc tout bénéfice : l'ouvrier en ce que son salaire augmente, le patron en ce qu'il développe son champ d'action, ce qui lui permet de payer d'avantage l'ouvrier, de satisfaire sa clientèle en abaissant ses prix et de maintenir ou même d'augmenter ses bénéfices.

L'augmentation de productivité du travail de l'ouvrier est donc la voie dans laquelle il faut s'engager pour trouver la conciliation des intérêts de l'ouvrier et du patron.

CHAPITRE II

L'Association de forces de travail différentes rend absolument impossible l'appréciation exacte du travail de
chacune de ces forces : dans le produit, il est impossible
de délimiter la part de chacun des associés.

Dans l'analyse fantaisiste de la valeur du produit par
Marx et son école, il se trouve que c'est l'ouvrier qui a
donné uniquement une valeur au produit. Nous avons
réfuté cette théorie et montré son côté étroit et exclusif ;
il est excessif de négliger le côté intelligent de l'entreprise pour s'en tenir au côté manuel. Cela rappelle le raisonnement de certains esprits de la campagne qui pré-
tendent qu'on ne travaille réellement qu'avec les mains
et appellent volontiers les savants des paresseux parce
qu'ils usent de leurs cerveaux, au lieu de faire œuvre de
leurs dix doigts.

Il ne faudrait pas toutefois verser dans l'excès op-
posé et mépriser le travail de l'ouvrier, alors même que
dans les manufactures modernes, il semblerait plutôt
un rouage mécanique vivant qu'un être intelligent ayant

à appliquer dans son travail son intelligence et des notions de science ou d'observation.

La comparaison ne serait pas d'abord entièrement juste, et ensuite, tant qu'on n'aura pas trouvé le moyen de faire marcher les machines toutes seules, il faudra bien respecter ceux qui les font marcher et les considérer comme une force de travail, si l'on veut, mais une force de travail intimement unie à une intelligence ; union qui, dans certaines circonstances, ne laisse pas que d'être une cause de profonds ennuis pour celui qui l'emploie.

Cette délimitation exacte de la part de chacun dans le produit est donc impossible ; cette impossibilité est dans la nature des choses et il faut en prendre son parti ; incontestablement, l'idéal serait de pouvoir rétribuer chacun, suivant le travail par lui fourni. Mais alors il faudrait changer absolument le mode de production actuel et l'exposé de la doctrine du collectivisme appliquée dans la pratique n'est pas fait pour nous pousser au changement.

Le mieux, c'est de chercher à améliorer l'instrument que nous possédons et qui est susceptible de perfectionnements. Il est des modes de rétribution qui tout en ayant le salaire pour base, suivent avec plus de précision que le salaire habituel, au temps, les progrès de la productivité et rémunèrent avec plus d'abondance le travail fourni. C'est vers ces perfectionnements du salaire qu'il faut se diriger, préférablement à se lancer dans l'inconnu à la suite d'une théorie fausse, touté de négation et sans résultats pratiques.

Les améliorations apportées au salaire ont pour but de développer, d'une part, la productivité de l'ouvrier ; de payer plus exactement, d'autre part, le travail fourni.

Le salaire, généralement répandu, revêt la forme de

salaire au temps. L'ouvrier est payé, tant par heure, tant par journée. Seulement, il n'est pas payé de suite et la paie, d'habitude, se fait tous les quinze jours. Il y a là un abus, car c'est au moins tous les huit jours que l'ouvrier devrait être payé, et, plus souvent, si c'était possible. Nous ne voyons pas pourquoi l'ouvrier fait crédit si longtemps au patron.

Le travail à la journée n'est avantageux ni au point de vue général de la société, ni au point de vue particulier du patron. L'ouvrier n'est pas encouragé à travailler ; quoiqu'il fasse, il ne sera ni plus, ni moins payé, il se tient donc dans une très ordinaire moyenne. Le raisonnement tenu par l'ouvrier payé à l'heure est le même : seulement dans ce second cas, quand le patron veut raccourcir la journée, il le peut sans être obligé de faire la perte sèche d'argent qu'il subit dans le raccourcissement du travail payé à la journée.

Ces deux modes de salaire sont rudimentaires et souvent on les améliore en accordant une prime à l'ouvrier dont le travail dépasse la moyenne ou de l'heure ou de la journée. Le salaire devient alors le salaire à l'heure ou à la journée avec prime.

Tous ces moyens ne valent pas le salaire aux pièces ou à la tâche quand il est possible.

Le nom explique la chose : le prix d'une pièce ou d'une certaine tâche déterminé, le salaire est proportionnel aux pièces ou aux tâches fournies.

Dans certaines industries, le salaire à partir d'une certaine quantité fournie devient progressif.

Ce système de rémunération est excellent pour le patron qui obtient le maximum d'effet de l'ouvrier, et est dispensé de la surveillance de travail et des matières employées ; il l'est moins, pour l'ouvrier, quelquefois,

car les malfaçons restent à son compte et il est porté à
« se dévorer » pour employer une expression ouvrière ;
c'est-à-dire à abuser de ses forces, dans l'espoir de gagner davantage.

Dans certaines industries où la perfection de l'œuvre
l'emporte sur la quantité à fournir, la prime se calcule
sur les économies faites sur les matières premières, sur
le combustible, etc. En définitive, avec tous ces changements, le salaire est plus productif et plus proportionné
à la force de travail mise en œuvre ; le travail fourni par
l'ouvrier se dégage mieux de l'ensemble du produit et
peut ainsi être rémunéré plus directement et plus avantageusement.

Un autre système, la participation aux bénéfices, peut
aussi, dans certains cas, être mis en pratique et donner
de bons résultats. Le principe est toujours le salaire.
Seulement, à la fin de l'année, le patron distribue à ses
ouvriers, dans une proportion donnée, les bénéfices réalisés ou une partie de ces bénéfices.

Cette distribution est simplement un moyen d'augmenter leur zèle et leur productivité, en leur faisant comprendre, par des arguments topiques, qu'ils sont intéressés à la prospérité de la maison qui les fait travailler.

Il y a plusieurs types de participation aux bénéfices.

Les plus célèbres sont ceux de la maison Leclaire, entreprise de peinture en bâtiments, de la Compagnie d'Or-
léans, des houillères de Wihitvood.

Dans ces différents types, la participation a toujours
pour but ou d'encourager les ouvriers à ménager les matières premières qu'ils ont entre les mains ou de suppléer
à une surveillance difficile.

La participation a été prônée et célébrée sur tous les
tons ; on a voulu y voir la solution de la question sociale ;

la participation était une panacée destinée à guérir tous les maux nés du conflit entre le travail et le capital.

Il faut en rabattre de ces éloges outrés.

Dans l'immense majorité des cas, la participation est impraticable et elle devient presqu'impossible à l'heure actuelle où la méfiance et la haine règnent contre les patrons, dans la classe ouvrière.

Elle demande, en effet, une confiance absolue entre l'ouvrier et celui qui l'emploie. Sans confiance, elle ne peut exister. L'ouvrier est obligé de tenir pour vrai ce que lui dit le patron ; car, quel chef d'industrie consentirait à laisser ses livres à la discrétion d'ouvriers, peut-être introduits chez lui par des concurrents pour s'enquérir de l'état de ses affaires ?

D'autres conditions sont encore nécessaires pour que la participation puisse fonctionner ; il faut que les bénéfices à réaliser soient d'un genre spécial.

Dans la maison Leclaire où les bénéfices résultent, en grande partie du bon emploi du temps et de l'usage économique des matières premières, les bénéfices sont plutôt des non-pertes et la maison montre de l'intelligence, en allant au-devant d'un gaspillage perdu pour tout le monde et en en attribuant la valeur à ceux qui l'ont épargnée. Mais dans des industries où les bénéfices sont d'une tout autre nature et résultent, par exemple, de la vente de marchandises, il en est tout autrement. Les ouvriers ont moins de droits sur les bénéfices, puisqu'ils ne concourent pas directement à la vente et, raison des plus sérieuses dans notre hypothèse, la participation est une menace des plus graves pour l'avenir de la maison.

Si la maison ne fait pas de bénéfices, que va-t-elle décider ? Donnera-t-elle une certaine somme aux ouvriers ?

elle trompera alors ses créanciers et ce sera la banque-route, en cas de non réussite. Supprimera-t-elle la distribution? Par là même, elle dévoilera sa situation à tous et coupera son crédit.

Il y a dans cette alternative qui fait reculer tous les industriels prudents et avec raison, un obstacle des plus puissants à l'établissement de la participation.

Il faut le reconnaître : ce n'est pas encore là que nous trouverons le remède cherché.

Dans certaines situations, c'est une modification heureuse apportée au salaire, rien de plus.

Dans l'ensemble des industries, sa mise en pratique est impossible.

Il existe certaines houillères comme les houillères de Durham, où le salaire monte et descend suivant les résultats financiers de l'année, sans cependant pouvoir descendre au-dessous d'un minimum fixé : dans ce cas, on pourrait presque parler de participation aux bénéfices : cependant si, dans une certaine mesure nous retrouvons ici, le caractère du contrat primitif d'association, toutefois il ne faut rien exagérer. L'ouvrier n'est jamais un véritable associé, parce que les deux raisons qui ont fait transformer le contrat de salaire existent toujours et empêchent l'association. L'ouvrier ne participe jamais aux pertes et il touche régulièrement un salaire; ce salaire peut être modique, mais il est périodique et il n'existe pas d'exemple pratique du système, où l'ouvrier soit obligé d'attendre la répartition des bénéfices, pour voir rémunérer son travail.

Dans tous les exemples de participation, on ne peut donc trouver qu'une modification plus ou moins heureuse du contrat de salaire — modification qui permet, en général, au salaire de dépasser la moyenne et de se modeler plus exactement sur le travail effectif.

Mais il ne faut pas demander à ce perfectionnement du salariat plus qu'il ne peut donner.

Impossible dans les industries où les ouvriers ne concourent pas directement à la vente du produit ou aux bénéfices réalisés, impossible dans les maisons dont la plus grande partie des bénéfices ne consiste pas dans des économies de temps ou de matières premières, impossible dans les établissements et ils sont nombreux où les patrons ne peuvent se mettre à la merci de leurs ouvriers en livrant les secrets de leurs affaires, impossible enfin dans les entreprises où les ouvriers ne sont pas à demeure fixe et ne font que passer, la participation aux bénéfices voit restreindre singulièrement son champ d'action et ceux qui célèbrent ses effets avec tant d'enthousiasme sont ou de mauvaise foi ou d'une bonne foi bien ignorante.

Ce n'est pas seulement dans les entreprises privées qu'on veut voir introduire la participation aux bénéfices. Des tentatives ont été faites pour obtenir sa mise en pratique dans les entreprises de l'Etat et une commission parlementaire a été saisie d'une proposition rédigée dans ce sens.

Cette commission, dans sa séance du 28 décembre 1891, a entendu M. Yves Guyot qui a démontré d'une façon fort nette que, dans aucun cas, le système ne pouvait être admis.

Les chemins de fer de l'Etat, quand ils font des bénéfices, les emploient à améliorer les services ou à réduire les tarifs. Dans les travaux publics, le personnel fort nombreux au début se réduit progressivement au fur et à mesure des travaux ; de plus, la liquidation des comp-

tes est toujours fort longue : d'où bien des obstacles à
la participation. Enfin, en ce qui concerne les mines, on
ne peut songer à imposer la participation, parce que les
mines comportent trop d'aléas et que les concessionnai-
res se voient délivrer moins une concession qu'une véritable attribution de propriété faite à leurs risques et
périls.

Nous sommes heureux d'avoir à enregistrer l'opinion
d'un homme aussi compétent que M. le Ministre des travaux publics et à constater que cette opinion est en parfaite concordance avec celle que nous venons d'exprimer.
Espérons que la leçon sera salutaire et profitera aux don-
neurs de conseils qui recommandent d'une façon si étour-
die toutes sortes de systèmes propres à résoudre instan-
tanément la question sociale, systèmes dont le seul
inconvénient est de ne pas pouvoir fonctionner quand
on les examine de près ou quand on veut les faire sortir
du domaine de la théorie pour les faire entrer dans celui
de l'expérimentation pratique.

Nous n'insisterons pas davantage sur cette amélioration du salariat et nous allons rapidement examiner à
quoi ont abouti les efforts de ceux qui ont voulu remplacer le patron ou plutôt le supprimer et ainsi répandre
sur tous les ouvriers la somme qu'on croyait énorme
et toujours constante des bénéfices réalisés.

L'entreprise était des plus logiques : on allait enfin
pouvoir se rendre compte de ce que le patron arrachait
à l'ouvrier, en un mot, constater expérimentalement le
degré d'exploitation du travail par le capital.

*
* *

Des essais ont été tentés qui avaient pour but de supprimer le patronat et de payer, suivant la formule pom-

peuse, de payer à l'ouvrier l'intégralité de son produit.

C'était l'idéal. On fonda les sociétés coopératives de production.

Elles furent très nombreuses, au début : on les compte aujourd'hui. Subventionnées en 48, elles ne le sont plus à l'heure actuelle, car depuis longtemps, l'immense majorité a vécu et l'expérience de celles qui restent debout n'est pas faite, en général pour encourager.

Deux de ces associations ont survécu et donnent des résultats connus : l'Imprimerie nouvelle et l'Association des tailleurs de la rue Turbigo. En 1878, le congrès des Institutions de prévoyance, dans les comptes rendus de ses séances a donné les chiffres des actionnaires et des associés de ces deux sociétés ainsi que le montant de leurs affaires et de leurs bénéfices. De 1870 à 1876, l'Imprimerie avait réalisé 217.000 francs de bénéfice et l'Association des tailleurs 375.000 francs. Ces associations se maintiennent donc dans une situation prospère et peuvent être citées comme les modèles du genre, mais elles ne constituent que de brillantes exceptions et deux réussites sur plusieurs centaines d'essais ne servent qu'à démontrer les difficultés réelles auxquelles sont en butte ces entreprises.

Le vice de ces associations a été le manque de direction. Même entre ouvriers associés, une impulsion est nécessaire : il faut que le plus capable prenne le commandement et obtienne l'obéissance des camarades. C'était l'écueil : personne ne voulait obéir : la basse envie, la jalousie, se donnaient carrière et naturellement le travail s'en ressentait : des prétentions extraordinaires étaient émises ; on voulait entre autres, l'égalité des salaires ; enfin, on était surpris de la modicité des bénéfices : le gain du patron, énorme en apparence quand il se concentrait sur une seule tête, fondait dès qu'il se divisait sur toutes les têtes des ouvriers. Le bénéfice était minime quand il existait, et la plupart du temps, il faisait défaut, et la société était en perte.

Cette expérience est la meilleure réponse aux systèmes collectivistes et autres, qui représentent le capitaliste comme se gorgeant d'or au détriment de l'ouvrier.

A les entendre, le patron devrait toujours s'enrichir promptement, puisqu'il exploite les ouvriers : la réalité des faits montre que cette prétendue exploitation n'est pas l'unique source du bénéfice.

On a supprimé le patron et les sociétés coopératives, loin de réaliser des bénéfices, ont rapidement sombré. Cette expérience n'était pas nécessaire ; tous les jours, ne voit-on pas des patrons succomber, montrant qu'il ne suffit pas d'être patron pour s'enrichir ? Pour réussir, les sociétés de production n'avaient qu'un moyen : élire comme directeur, le plus capable des associés et suivre ses ordres avec ponctualité ; probablement il eût fallu donner à ce directeur un traitement plus élevé qu'à ses collègues, puisqu'il montrait plus de capacité et avait une responsabilité au moins morale, mais il était inévitable d'en passer par là. L'unité dans la direction est le premier élément de réussite. On revient ainsi au système patronal, ce qui montre bien qu'il est dans la nature des choses.

L'exemple des sociétés de production n'est pas encourageant et il nous donne une idée de ce que pourrait être la société telle que la rêvent certains utopistes collectivistes, car il n'est pas bien sûr que tous les chefs du parti aient des vues très nettes sur l'organisation éventuelle de cette société. Manque de direction, divisions intestines, travail mollement exécuté, telles seraient très probablement les grandes lignes du tableau. Objecte-t-on qu'une puissante impulsion serait donnée par les chefs élus ? ce serait alors le système patronal, dans son côté le plus excessif, avec ceci de changé, c'est que la tyrannie en serait plus insupportable et plus vexatoire, car elle viendrait d'en bas.

Quand nous rechercherons, avec Schœffle, ce que pourrait bien devenir notre civilisation avec le triomphe des idées collectivistes, nous reviendrons sur ces idées : pour le moment bornons-nous à cette remarque que les essais tentés jusqu'ici pour détrôner le salariat ont été malheureux.

Cette remarque ne peut que nous encourager à poursuivre les améliorations possibles et reconnues nécessaires, dans le mode de rétribution actuel du travail ; car l'échec des adversaires de la société capitaliste ne doit pas nous empêcher de constater qu'il y a quelque chose à faire, pour améliorer la condition de l'ouvrier.

CHAPITRE III.

A côté des modifications purement matérielles qui
peuvent améliorer le contrat de salaire, il faut chercher
les perfectionnements qui sont susceptibles d'être ap-
portés dans le domaine moral et intellectuel.

Ce serait avoir courte vue, que d'examiner le problème
uniquement sous son aspect pécuniaire.

L'ouvrier, nous l'avons déjà dit, n'est pas seulement
une force de travail que l'on trouve sur le marché et que
l'on achète, comme on achèterait une machine nécessaire.

La force de travail est intimement unie à une intelligence qui en dispose en la vendant, parce qu'elle ne
peut pas faire autrement et, en réglant les conditions
du contrat, il ne faut pas, en rémunérant le corps, oublier l'intelligence qui l'anime. — Il y a progrès, non
seulement quand l'ouvrier est payé davantage, mais encore quand il obtient plus de temps, plus de loisirs, et
qu'il lui est permis de consacrer plus d'instants soit à la
vie d'intérieur, soit à la culture de son esprit.

La première condition à réaliser est donc une distribution rationnelle du travail : ce qui comprend une journée moyenne de travail suffisamment rémunérée pour ne pas forcer l'ouvrier à travailler hors des limites, afin de gagner de quoi vivre.

Un ouvrier qui travaille quatorze heures par jour, et cela pendant des années, est rapidement usé. Cette journée de travail est excessive et doit être réduite.

Le travail continu n'est pas bon : pas plus au point de vue de la société, qui a intérêt à ne pas voir augmenter le nombre des invalides du travail, d'une façon démesurée, qu'au point de vue du patron qui obtient un travail défectueux, surtout pendant les dernières heures de la journée.

Dans des circonstances extraordinaires, on peut demander à l'ouvrier un effort extraordinaire récompensé d'une manière extraordinaire, mais cet effort ne peut passer à l'état d'habitude et raisonnablement il est impossible de demander à l'homme ce qu'on n'obtiendrait pas d'une bête de somme.

Naturellement la fixation de la journée de travail doit se faire, dans de justes limites. C'est une question d'appréciation, dépendant d'une foule de circonstances et de considérations. En un mot, c'est une question d'espèce.

Nous répondons ainsi par avance à la demande qui vient naturellement à l'esprit : Qui doit régler la journée et comment doit-elle être réglée ? Pour nous, la réponse n'est pas douteuse.

Nous mettons de côté la fixation d'un jour de repos par semaine ; la mesure est prise, en général, par les industriels, et l'État n'a fait que consacrer un état de choses à peu près universellement établi et accepté, en inscrivant dans la loi en préparation l'obligation d'un jour de repos par semaine (1).

En ce qui concerne la fixation de la journée de travail, nous disons que seuls les patrons ont qualité pour cette fixation ; en cas de mauvaise volonté de leur part, les syndicats ouvriers se chargeront bien de faire entendre les réclamations des intéressés et d'obtenir gain de cause, surtout quand ces derniers seront les agents d'un service public et qu'ils auront eu soin de mettre l'opinion de leur côté. On en a eu sous les yeux des exemples frappants (2).

Ayant tous les moyens d'action nécessaires, pourquoi les ouvriers réclameraient-ils l'intervention d'un tiers dans leurs affaires ? pourquoi réclameraient-ils l'intervention de l'État ?

C'est une tendance de l'esprit français à se réclamer constamment de l'État, quitte ensuite à se plaindre de l'ingérence de cet État dans les affaires privées.

A notre avis, c'est une tendance déplorable qu'il faut combattre par tous les moyens.

L'État, quelle que soit sa bonne volonté, ne peut jamais suppléer les bonnes volontés particulières, principalement dans les cas où c'est aux bonnes volontés privées seules qu'il appartient d'intervenir.

Manquant de souplesse et de liberté dans les mouvements, et ne pouvant se prêter aux mille tempéraments exigés par la différence de milieux et de besoins, l'État forcément édicte une règle uniforme qui, par cela même qu'elle est générale, blesse chacun en quelque endroit et ne convient complètement à personne : de plus, il

___

(1) Loi relative au travail des enfants, des filles mineures et des femmes dans les établissements industriels.

(2) Grève des omnibus, 1891.

apporte avec lui un cortège d'ennuis et de vexations, compensant et de beaucoup la bonté possible de son intervention et de nature à faire réfléchir et hésiter même en cas de besoin bien déterminé.

Aussi quand nous nous trouvons en présence d'un conflit comme le nôtre, conflit qui peut être dénoué sans qu'il soit besoin d'une intervention supérieure, pourquoi faire appel à l'État et non uniquement à l'esprit d'entente et de conciliation ?

L'intervention de l'État n'est pas nécessaire, pas même utile. Et, disons-le d'une façon générale, elle n'est pas possible.

Nous faisons de suite nos réserves, en ce qui concerne le travail des femmes et des enfants ; on connaît déjà nos idées sur ce point et nous nous proposons de les développer dans quelques instants.

Nous nous plaçons en ce moment sur le terrain de la réglementation du travail des adultes et nous disons que toute intervention de l'État en ces matières est inopportune, dangereuse et surtout destinée à être dépourvue de sanction. Ce défaut de sanction est la raison qui nous faisait proclamer l'impossibilité de la réglementation, d'une réglementation efficace.

L'État peut toujours légiférer, mais si ses prescriptions restent et doivent rester lettre morte, faute de moyens de les faire observer, il ferait beaucoup mieux de s'abstenir.

Jusqu'ici il s'est sagement abstenu et a refusé d'entrer dans la voie où voudraient l'engager les socialistes.

Personne n'ignore que l'une des principales revendications des ouvriers consiste à réclamer huit heures de sommeil, huit heures de travail et huit heures de loisir. C'est la fameuse revendication des trois huit. Tous les ans, au 1ᵉʳ mai, elle s'étale sur le programme solennellement porté aux Chambres par les délégués des ouvriers. On voudrait voir renouveler par le législateur la fixation d'un nombre d'heures de travail qu'on ne pourrait dépasser, fixation faite en 1848 par l'Assemblée nationale constituante.

La limite fixée à cette époque était assez reculée et jusqu'à un certain point, on peut excuser le législateur de 1848 d'avoir pris cette mesure ; alors le travail n'avait pas les moyens d'intimidation qu'il possède aujourd'hui et qui sont bien suffisants pour permettre à ses demandes d'aboutir. Cependant la mesure est regrettable, parce qu'elle crée un précédent fâcheux.

Entrons dans l'étude de la question et demandons-nous, non plus si le besoin de cette réglementation par l'État se fait sentir, car nous venons de résoudre la question, mais bien, ce qui se passerait si l'État obéissait aux injonctions des socialistes et fixait à huit heures la durée de la journée de travail. Il y a deux solutions à donner, suivant les deux aspects de la question. Laissons, pour l'instant, le côté économique et examinons le côté de la pratique.

Quelle serait la sanction de la loi ?

Des patrons font travailler pendant plus de huit heures, ils violent la loi ; vous pouvez les condamner à de fortes amendes, fermer d'office leurs établissements au bout des huit heures. C'est fort bien.

Mais si ce sont les ouvriers qui veulent travailler pendant plus de huit heures ? Les empêcherez-vous de le faire ? Et comment les en empêcherez-vous ?

Cette loi est faite dans leur intérêt. Est-ce ainsi que vous entendrez cet intérêt ?

Certaines industries ne peuvent travailler efficacement que pendant la belle saison ; il faut que pendant cette saison, elles gagnent de quoi vivre pendant le temps de chômage. Ces industries sont légions. Allez-vous leur appliquer la prescription des huit heures ? Elles pourront vous répondre qu'elles sont meilleurs juges que vous de leurs propres intérêts.

Dans tous les cas où vous appliquerez la prescription, il vous faudra garantir une élévation de salaires correspondant à la somme gagnée auparavant. Etes-vous prêts à le faire ? Il n'y a pas à objecter que la conséquence vous est indifférente ; les deux mesures se tiennent. Vous en arrivez ainsi à la fixation des salaires par l'Etat. Est-ce votre idéal ?

Dernièrement (1), M. le président du Conseil des Ministres, dans des allocutions très nettes, répudiait cette fixation avec beaucoup de fermeté.

Il était ainsi dans la saine théorie économique et fixait d'une manière précise les attributions de l'Etat.

On ne saurait trop le répéter, le rôle de l'Etat consiste à donner les libertés nécessaires : c'est du libre jeu de ces libertés que doit sortir le progrès ; en dehors de cette concession, l'Etat n'a plus à intervenir autrement qu'en faisant respecter la liberté du travail et exécuter les contrats librement consentis.

La fixation de la journée de travail rencontrerait donc, dans la pratique, un écueil où, fatalement, elle viendrait échouer : le défaut de sanction.

Si, maintenant, nous examinons le côté économique de la question, nous rencontrons à sa solution bien d'autres pierres d'achoppement.

Tout d'abord, il faudrait que la mesure fût interna-

(1) Discours de M. de Freycinet à Marseille, octobre 1891 ; à la Chambre, décembre 1891.

tionale. Si la France seule par exemple édictait cette prescription, les pays concurrents ne manqueraient pas d'inonder son marché de produits à prix sensiblement inférieurs aux siens. En effet, les salaires ne tarderaient pas à hausser 1° parce que la restriction des heures de travail augmenterait la demande de travail, la quantité d'ouvriers travaillant pendant huit heures devant remplacer la quantité d'heures fournies auparavant par un nombre moins considérable de ces derniers ; 2° parce que les travailleurs ne comprendraient pas un progrès qui les priverait d'une partie de leurs salaires et qu'en huit heures, ils voudraient gagner autant que dans les onze ou douze heures qu'ils fournissaient. La productivité pourrait, peut-être grandir pendant les huit heures, l'ouvrier étant moins fatigué, mais nous ne croyons pas que cet accroissement compenserait la hausse des salaires.

La France serait ainsi dans une situation inférieure et verrait écraser son industrie, à moins qu'elle n'entreprit de s'entourer d'une barrière formidable de droits protecteurs, ce qui ne paraît guère réalisable d'une façon absolue, comme l'a bien montré la discussion récente sur l'établissement du tarif des douanes.

La mesure demande donc à être internationale. Peut-elle avoir ce caractère ?

C'est bien difficile à croire.

Certains pays ne peuvent lutter avec leurs rivaux qu'en compensant par un long travail la productivité lente de leurs ouvriers. Il n'est pas à supposer qu'ils iront, de gaîté de cœur, se ruiner pour le plus grand profit de leurs concurrents, en adoptant un niveau universel d'heures de travail, qui donnerait la supériorité aux pays renfermant des ouvriers à grande productivité.

Si la mesure n'est pas internationale, le pays qui l'adoptera fera un métier de dupe : il y a donc de fortes raisons de croire que ces motifs empêcheront de longtemps l'inscription de la réforme dans les lois ouvrières.

On pourrait encore se demander quelles conséquences cette adoption des huit heures aurait sur la production et, par suite, sur le consommateur ?

Y aurait-il un ralentissement assez accentué de la production, pour faire monter les prix de sensible façon ? Il n'est pas facile de répondre à ces questions.

Avec les progrès de la science, les découvertes de l'industrie, on ne peut pas affirmer que la productivité ne se développerait pas assez pour satisfaire aux demandes du consommateur.

Ce développement de la productivité n'a rien d'improbable.

*
* *

Nous venons d'exposer nos idées sur le rôle de l'Etat dans la réglementation de la journée de travail. Nous rejetons cette intervention parce qu'elle ne peut qu'être nuisible et intempestive, sans pouvoir aboutir à des résultats sérieux et aussi parce que l'ouvrier a des moyens suffisants, grâce aux syndicats, d'assurer le succès de ses revendications.

En ce qui concerne les femmes, nous acceptons l'intervention de l'Etat. Il y a, ici, un intérêt majeur.

Il faut éviter l'appauvrissement de la race et comme, dans toute femme, il y a une future mère de famille, il faut songer à l'avenir, en ménageant le présent. La question ne fait pas doute pour les mères de famille : elle peut paraître plus délicate pour les filles majeures, mais les raisons sont les mêmes, bien que paraissant avoir moins d'intensité et on a raison de leur appliquer les mêmes prescriptions.

La loi a d'autant plus raison d'intervenir que les femmes ont besoin d'être protégées contre elles-mêmes ; les emplois qui leur sont dévolus sont restreints et elles acceptent des labeurs même écrasants et peu rétribués, pour ne pas mourir de faim ou rester honnêtes. La lutte est âpre ici plus que partout ailleurs, car les concurrentes sont nombreuses : aussi travaillent-elles à n'importe quelle condition.

Il y aurait beaucoup à dire sur la condition des femmes en France, dans une organisation sociale où il semble que le travail féminin soit considéré comme une anomalie ou tout au moins comme une exception. Notre intention n'est pas d'entrer dans ces considérations d'un ordre spécial, qui nous entraîneraient trop loin : qu'il nous soit permis seulement de remarquer qu'avec les progrès de la manufacture, qui sans cesse attire vers elle un nombre de plus en plus considérable de femmes, l'exception, dans une certaine classe au moins, tend à devenir la règle.

L'Etat n'a pas à réagir contre cette demande nouvelle du travail, car son rôle n'est pas de fixer les facteurs de la production et bien qu'en ce faisant, il soit assuré de recevoir l'approbation des ouvriers, enchantés de voir écarter des rivales dangereuses, il doit rester dans les limites de ses attributions et dans une mesure susceptible de s'accommoder avec les exigences de l'industrie, se contenter d'interdire en principe le travail de nuit des femmes, sauf les exceptions à prévoir et à maintenir dans des limites bien déterminées (1).

---

(1) L'interdiction du travail de nuit est consacrée dans le projet de loi dont nous avons parlé plus haut. Le législateur va même plus loin et veut

Le travail des mineurs est réglé par une loi du 19 mai-3 juin 1874.

Le législateur réglemente le travail des enfants et des filles mineures. « Les enfants ne pourront être employés par des patrons, ni être admis dans les manufactures, usines, ateliers ou chantiers avant l'âge de 12 ans révolus. Ils pourront être toutefois employés, à l'âge de 10 ans révolus, dans les industries spéciales déterminées par un règlement d'administration publique » A. 2 (Loi du 3 juin 1874).

« Les enfants ne pourront être employés à aucun travail de nuit jusqu'à l'âge de 16 ans révolus. La même interdiction est applicable à l'emploi des filles mineures de 16 à 21 ans, mais seulement dans les usines et les manufactures. » A. 4 (Même loi).

Dans cet ordre d'idées, on ne peut qu'approuver l'intervention du législateur. Des raisons d'humanité, de prévoyance sociale et nationale militent en sa faveur et personne n'a, jusqu'ici, eu l'idée d'une protestation.

Le législateur a donc édicté une loi et des inspecteurs ont été chargés de surveiller l'exécution de cette loi. Cette surveillance est malheureusement peu sévère. Dans beaucoup d'industries, on voit des petits malheureux succomber sous le poids de fardeaux trop lourds ou, desséchés par une atmosphère embrasée, traîner misérablement des corps étiolés. Les patrons à qui l'on objecte cet état de choses lamentable répondent que l'industrie autrement serait impossible. Il y a dans cette inertie de la surveillance un obstacle des plus regrettables à l'exécution d'une loi excellente à condition qu'elle soit appliquée et il appartient à l'État d'intervenir vigou-

fixer une limite au travail des femmes pendant la journée. — Voir *Journal officiel*, Chambre des députés, séance du 19 décembre 1891.

reusement. Dans un pays voisin, en Allemagne, les fonc-
tionnaires chargés de l'inspection n'ont pas de ces com-
plaisances et exécutent impitoyablement les règlements.
Imitons-les et démontrons aux patrons que leur industrie sera possible même en suivant les prescriptions de
la loi. D'ailleurs, l'inspection n'a pas à entrer dans ces
considérations. La loi existe : qu'on lui obéisse !

*
* *

Une tâche qui n'est plus du ressort de l'Etat, mais
bien de celui de chaque patron, tâche difficile, disons-le
de suite, reste à accomplir.

L'esprit de la classe ouvrière est actuellement, d'une
façon générale, des plus mauvais. Des causes multiples
ont contribué à la désaffection du patron par l'ouvrier.
Le développement de la grande industrie, en élargissant
l'usine, a détendu les rapports familiers qui pouvaient
s'établir entre le petit producteur et ses employés. La
manufacture est devenue une espèce de caserne où la
discipline doit forcément régner en maîtresse et où la
sévérité remplaçant la bonhomie est devenue, d'une façon
inévitable, une condition de réussite. En se connaissant
moins, on s'apprécie avec moins d'impartialité et l'on
ouvre avec plus de facilité l'oreille aux perfides insinuations ou aux calomnies adroites lancées par des agita-
teurs intéressés. La sourde envie grondant au fond de
tout être qui se considère comme inférieur à sa position
s'empare de griefs quelquefois imaginaires, quelquefois
justifiés par l'arrogance et la dureté réelles du patron et
les mauvais sentiments se font jour. De leur côté, les
patrons ont aussi à se reprocher de n'avoir pas été, toujours et partout, à la hauteur de leur situation. Quelques
exceptions fâcheuses ont servi et servent encore, quoi-

qu'aujourd'hui elles soient à peu près disparues, à animer le ressentiment des ouvriers. Les bons paient, à l'heure actuelle, pour les méfaits de quelques-uns de leurs prédécesseurs, en vertu de la solidarité de classe dont on ne peut jamais complètement se dégager.

Cela est fort regrettable, mais ne peut être contesté. En dehors de ces causes particulières de mécontentement, des raisons d'un ordre plus général sont venues irriter l'esprit de l'ouvrier et réveiller ses passions.

Le spectacle du monde dans lequel il vit n'est pas pour lui d'un enseignement bien élevé. Partout, il voit une foule avide, se ruant à la fortune sans choisir les moyens ; en tous lieux, il entend célébrer l'argent et jusque dans sa famille il peut constater, pour sa honte, les traces de son influence.

Il est alors tout naturel que lui, prolétaire, auquel la fortune n'a jamais souri, veuille, à son tour, jouir comme les autres. Des flatteurs lui font entendre qu'il est le maître, qu'on le vole et qu'il n'a qu'à vouloir pour obtenir satisfaction et faire rendre gorge à ses exploiteurs. Comment résisterait-il à d'aussi tentantes séductions qui répondent si habilement à ses intimes aspirations ? Quel obstacle l'arrêterait ? Tout sentiment religieux capable de modérer ses appétits est, depuis longtemps, disparu de son âme et s'il hésite encore, s'il se contente, avant l'assaut final, de tâter l'ennemi, par des manifestations insolites, des grèves intempestives, des réclamations exorbitantes, c'est qu'il n'a pas encore pleine conscience de sa force et qu'il craint qu'une lutte prématurée, couronnée d'insuccès, ne recule dans un trop lointain avenir la réalisation de ses rêves ambitieux.

Nous ne nous dissimulons pas qu'il sera fort difficile

de faire remonter à l'ouvrier la pente dangereuse sur laquelle il est engagé.

Les causes générales d'animosité contre la classe bourgeoise, la classe qui possède, ne peuvent guère être modifiées par les efforts des patrons qui, somme toute, dans le monde, forment une minorité. Cependant, en évitant, dans leurs relations avec la classe ouvrière, d'étaler un luxe trop tapageur, ces patrons peuvent sinon faire disparaître, tout au moins, diminuer les occasions où les sentiments d'envie pourraient se faire jour.

C'est surtout dans les rapports du capital et du travail, que les progrès les plus sensibles pourront être effectués. En donnant à l'ouvrier tout ce qui lui est dû et en évitant les causes de mécontentement justifié, les patrons pourront arriver à obtenir, à défaut de sentiments de bienveillance et de reconnaissance, un certain respect et une certaine justice d'appréciation, dans les discours et la conduite des ouvriers.

En dotant aussi et d'une façon large les diverses caisses utiles au travailleur, en multipliant les raisons d'attachement à l'établissement par des gratifications opportunes, en recherchant les occasions de causer avec lui et de l'éclairer sur ses véritables intérêts solidaires de ceux des patrons, peut-être ces derniers parviendront-ils à dissiper ses idées de méfiance et de haine : l'effort vaut la peine d'être tenté, même sans grandes chances de réussite, car si les bonnes volontés demeurent stériles, les consciences au moins seront à l'abri de tout reproche.

Il n'y a pas de règle générale à suivre dans cette entreprise que recommandent aux patrons, la raison en même temps que l'intérêt. Tout, en ces matières, dépend des ouvriers aussi bien que du patron : c'est une question d'espèce qu'il faut s'attacher à résoudre pour le mieux.

Nous n'avons pas à insister, car nous voulions simplement établir la nécessité de modifier l'état d'esprit de l'ouvrier, afin de lui faire comprendre et apprécier les réformes tentées pour améliorer sa condition. Tant que l'animosité et l'aigreur règneront dans les rapports entre le capital et le travail, aucun progrès sérieux ne pourra être effectué. Il faut que l'ouvrier et le patron soient bien persuadés que le capital et le travail sont deux associés et non deux frères ennemis. Le jour seulement où cette conviction sera implantée dans leurs cerveaux, la question ouvrière aura fait un grand pas et sera bien avancée, sinon résolue.

CHAPITRE IV

LES SYNDICATS OUVRIERS.

Liberté d'association reconnue par la loi de 1884, aux personnes exerçant même profession. — Comment les ouvriers ont compris le syndicat. — Arme dirigée contre les patrons. — Ce qu'il y a à faire pour ramener l'ouvrier à la notion exacte de ce que doit être le syndicat dans ses rapports avec le patronat. — Le syndicat a également été mal interprété, en tant qu'association de travailleurs. — Retour à l'esprit d'exclusivisme et d'intolérance des corporations. — Prétentions exagérées. — Le syndicat obligatoire. — Esprit véritable de la loi de 1884. — But des syndicats. — Comment on pourra réprimer les tendances actuelles. — Progrès à réaliser au moyen des syndicats mixtes et des conseils d'arbitrage. — Conclusions.

Le législateur est dans son rôle, avons-nous dit plus haut, quand il donne les libertés nécessaires et c'est du jeu de ces libertés que naît le progrès.

Une des libertés les plus chères à l'homme, car elle répond à une aspiration de sa nature, est la liberté d'association. Cette liberté n'est pas consacrée, en France, comme le sont les autres libertés, de propriété, de travail, de presse, de réunion, etc. Le droit de s'associer n'est pas, en principe, reconnu au moins quand l'association comprend plus de vingt personnes. Les articles 291 et 292 du Code pénal soumettent l'association à une autorisation préalable, quand elle doit avoir plus de vingt membres : c'est méconnaître le droit d'association. En ce qui concerne les unions de personnes exerçant la même profession, une très importante dérogation au principe a été faite en 1884 par une loi communément appelée « Loi sur les syndicats professionnels ».

Les personnes exerçant la même profession peuvent se grouper sans avoir besoin d'une autorisation préalable : l'article 291 est abrogé à l'égard de ces sociétés.

Les ouvriers ont donc la faculté, le droit de s'associer, si bon leur semble et de constituer un syndicat professionnel. Ce syndicat a la personnalité civile avec toutes ses conséquences et peut ainsi ester en justice et posséder des immeubles, mais seulement les immeubles nécessaires à leur bon fonctionnement.

Les syndicats peuvent s'unir entre eux et former des unions, mais ces unions n'ont pas la personnalité civile. Le législateur a reculé devant la perspective d'une union pouvant comprendre des centaines de mille de travailleurs et ayant les attributs de la personnalité civile.

Il a eu raison ; il n'eût pas même dû autoriser ces unions qui, à un moment donné, deviendront dangereuses, permettant des groupements inquiétants, lors d'un violent mouvement ouvrier.

Les syndicats ont pour but, dit la loi, la défense des intérêts économiques, industriels, etc.

Le mot défense est, au moins, fâcheux, car il a éveillé dans l'esprit des ouvriers des idées particulières sur l'instrument qu'on leur mettait entre les mains.

Ils ont considéré et ils considèrent encore « la syndicale » comme une machine de guerre destinée, pour le moins, à ennuyer fortement les patrons et, en effet, une syndicale est à peine formée qu'elle n'a rien de plus pressé que de fomenter une grève pour tâter le patron et reconnaître ses forces.

Les revendications passent au second plan et l'on voit des grèves éclater, sans aucune espèce de but ; une fois en grève, les ouvriers se demandent ce qu'ils vont bien pouvoir réclamer (1). Ce serait comique, si ce n'était un symptôme grave du mauvais esprit qui anime, en ce moment, la classe ouvrière.

C'était une pensée libérale qui avait inspiré la loi de 1884. On avait voulu mettre les ouvriers sur un pied d'égalité avec les patrons, dans la défense de leurs propres intérêts et non leur donner une arme destinée à vexer ces derniers et à entraver l'industrie.

Mais des meneurs, animés d'un esprit révolutionnaire, se sont emparés de la direction des syndicats et ce sont eux qui dirigent les ouvriers, pauvres dupes, dont ils se servent pour arriver à une position. Les uns se font des rentes, en exploitant la situation, les autres parviennent à la députation et il n'y a rien de plus curieux que de voir le fétichisme que professent les ouvriers vis-à-vis de ces nouveaux charlatans. Ce serait peine perdue que de vouloir leur dessiller les yeux. Embrigadés fort habilement, ils obéissent au mot d'ordre avec un ensemble parfait et une discipline digne d'une meilleure cause. Pour eux, le patron est l'ennemi et quoi qu'il fasse, il sera toujours accueilli avec méfiance ; les améliorations tentées dans ses ateliers seront méprisées ou dénigrées ; les soupçons les plus injustes et les plus offensants seront élevés contre ses intentions et leur hostilité systématique découragera les meilleures volontés. Une grève éclate-t-elle ? elle prend aussitôt un caractère aigu qu'elle ne revêtirait certainement pas, si le patron avait en face de lui ses ouvriers, avec lesquels il pût discuter librement et parler raison : c'est qu'entre lui et les ouvriers intervient le meneur, souvent un étranger, dont l'intérêt est de rendre impossible tout arrangement.

(1) Grève des employés de chemin de fer, 1891.

La « syndicale » ou comité du syndicat est, aux yeux des nouveaux syndiqués, quelque chose de mystérieux et de puissant et ils suivent ses ordres avec un empressement qui cache souvent bien des regrets et des remords inavoués. Là, comme partout, une minorité bruyante fait la loi et étouffe sous ses cris violents les timides protestations d'une indécise majorité. On peut croire ou, tout au moins, espérer que cette manière de voir et d'agir se modifiera au cours des années. Pour notre part nous le souhaitons vivement et voulons bien admettre que l'organisation des syndicats est encore dans la période chaotique, ce qui expliquerait la perversion des sentiments et des notions les plus élémentaires du bon sens.

Mais il est temps d'en sortir.

Ces grèves insolites, ces réclamations insensées, ce trouble général dans les cervelles, bouleversent l'industrie et paralysent la production. Il importe que le gouvernement intervienne, non en faisant une nouvelle loi dont le besoin ne se fait pas sentir, mais en expliquant, en commentant, au besoin, la loi de 1884. Il importe qu'il remette les choses et les idées à leurs véritables places, en disant hautement ce qui est permis et ce qui est défendu.

De leur côté les patrons ont à faire preuve d'entente, de cohésion, de solidarité entre eux, d'initiative et de conciliation dans leurs rapports avec les ouvriers.

En ce moment, ils relèvent visiblement la tête et entament vigoureusement la lutte contre les prétentions exorbitantes des ouvriers : on ne peut que les encourager dans cette voie. Leur effarement, en face des nouveaux syndicats, leurs hésitations, leurs concessions même avaient donné aux ouvriers la persuasion qu'ils étaient les maîtres et qu'il leur suffisait de parler un peu ferme pour tout obtenir.

La responsabilité de l'extension du mouvement leur incombe en partie ; c'est à eux de réagir et de contenir ce mouvement dans de justes limites.

Mais pour arriver à leurs fins, l'union, toujours l'union leur est nécessaire et, jusqu'ici, c'est ce qui leur a manqué le plus.

*
* *

La loi de 1884 a été mal comprise par les ouvriers et mal interprétée au point de vue des rapports des travailleurs avec ceux qui les emploient, et de ce côté, il y a beaucoup à faire pour revenir au principe de la loi qu'on a singulièrement faussé.

L'usage fait par la classe ouvrière des syndicats nouvellement constitués n'a pas été plus heureux et ne s'est pas inspiré davantage de l'esprit du législateur, quand il s'est agi de régler la situation des syndiqués et de délimiter exactement le rôle des syndicats.

En dehors du premier écueil, l'introduction de l'élément révolutionnaire dans les syndicats, écueil qui malheureusement n'a pas été évité, il en existe un autre plus dangereux encore, car il est capable de faire sombrer l'institution des syndicats.

Les associations ouvrières créées, en vertu de la loi de 1884, retournent d'une façon rapide, surtout depuis deux ou trois années, aux anciennes corporations supprimées par la Révolution.

Ces corporations, pendant longtemps, avaient eu une utilité incontestable et en dehors des services rendus à l'industrie, avaient permis, en certains endroits, de conquérir des libertés municipales. Mais l'esprit d'intolérance et d'exclusion dont était animée la plupart de ses membres les avait peu à peu rendues impopulaires et fait justement haïr : aussi est-ce avec des cris de joie et de délivrance qu'en 1879, on avait salué leur disparition.

Le législateur de l'époque, préoccupé des résistances que rencontrait son œuvre d'affranchissement, promulgua deux ans après, la loi des 17-24 juin 1791, qui prohibait d'une façon formelle l'association entre personnes exerçant les mêmes professions. On redoutait le retour des anciennes corporations et on voulait prévenir toute tentative de reconstitution des anciens corps de métiers.

L'article 29, que nous connaissons, revint sur cette mesure et l'on sait que c'est à partir seulement de la loi du 21 mars 1884 que la liberté d'association a été reconnue, au moins pour les personnes exerçant même profession. La leçon du passé devrait servir aux nouvelles associations, mais il semble que les syndicats veuillent confirmer l'aphorisme vulgaire et montrer d'évidente façon que l'expérience n'a jamais instruit celui qui n'en avait pas reçu directement la leçon. Le même esprit étroit, mesquin, arrogant, exclusif se fait jour dans les délibérations, les pétitions, les réclamations, les tentatives des syndicats.

Hier, c'était la suppression des bureaux de placement qu'on réclamait ; aujourd'hui, on veut limiter le nombre des apprentis : demain on n'admettra dans le sein du syndicat que les fils des membres actuels. On rappelle ainsi les prérogatives des fils de maîtres ouvriers dans les anciennes corporations.

Quant aux bureaux de placement, on veut supprimer ceux qui existent, et en créer d'autres dont les syndicats auraient le monopole.

Aujourd'hui, ces bureaux existent en vertu d'une autorisation du préfet de police : on demande la suppres-

sion de cette autorisation et le monopole du placement
pour les syndicats. Qu'on supprime l'autorisation préalable, nous n'y voyons aucun inconvénient : le métier
de placeur est un métier comme un autre et toutes les
garanties qu'on peut exiger des placeurs sont des garanties de moralité et d'honnêteté. Mais en donner le
monopole aux syndicats, ne nous paraît pas du tout
nécessaire. S'il y a une réforme à opérer, c'est dans le
sens de la liberté de l'industrie, non dans le sens des
entraves à y apporter. Et pourquoi donner ce monopole aux syndicats ? Pour rendre le syndicat plus puissant ? Mais il est déjà bien assez tyrannique, le syndicat.
N'a-t-on pas vu un syndicat se mettre en grève parce
qu'un patron continuait à faire travailler un ouvrier qui
avait quitté l'association !

Il existe une tendance déjà trop manifeste à l'entrée
obligatoire dans la corporation, pour qu'on puisse encore
l'encourager en monopolisant les bureaux de placement
au profit desdites corporations ou desdits syndicats.

Et ce monopole des bureaux de placement rendrait
certainement le syndicat obligatoire.

Les ouvriers, obligés de passer par leurs conditions
ou par leur bon vouloir, seraient exposés ou à perdre leur
liberté ou à mourir de faim. L'entrée dans le syndicat
serait la condition *sine quâ non* du placement.

« Tous les ouvriers doivent être syndiqués », nous
fait entendre un des articles courants des programmes
socialistes. Il faut bien le reconnaître, c'est le socialisme
qui mène l'immense majorité des syndicats ; c'est le socialisme qui contribue à les former, à les encadrer.

Cependant qui dit ouvrier ne dit pas forcément socialiste, et avant de s'incliner devant le fait accompli et
traiter le socialisme comme une puissance et comme

l'expression de la volonté populaire, il faudrait veiller à protéger le travailleur libre, le travailleur non syndiqué. La loi de 1884 est une loi de liberté et il y a un certain article 7 qui dit, en propres termes, que « tout membre d'un syndicat peut se retirer à tout instant de l'association, nonobstant toute clause contraire ».

Il nous semble que dans l'esprit de ses auteurs, la loi de 1884 n'avait pour but de rétablir les corporations. L'exposé des motifs est très formel : il veut supprimer les précautions de 1791 et du Code pénal, parce qu'il suppose que ces précautions ne répondent plus à un besoin présent : c'est une loi de liberté et l'un des articles de cette loi, en outre de l'article 7 cité quelques lignes plus haut, nous montre bien le véritable esprit de la loi, cet article limitant le pouvoir d'acquisition des syndicats, tant on craint le rétablissement des biens de main-morte.

L'intention du législateur est bien formelle : il ne veut pas rétablir les corporations.

Il faut donc écarter tout ce qui en pourrait favoriser la réapparition, et le monopole des bureaux de placement au profit des corporations syndicales la favoriserait, sans aucun doute.

Le devoir du gouvernement est bien tracé : en même temps qu'il doit empêcher la résurrection d'un fâcheux mode d'organisation des travailleurs, il doit protéger énergiquement la liberté du travail.

Le socialisme a tout intérêt à voir renaître les corporations, « ce solide engrenage du moyen âge, dans lequel était pris le travailleur », comme disent les collectivistes ; mais ceux qui pensent que l'avenir n'est pas dans ce solide engrenage, pas plus que dans les conceptions collectivistes, se permettent de protester.

Il serait inadmissible qu'à notre époque un ouvrier ne

puisse pas entrer dans un syndicat ou en sortir, à sa pleine et entière volonté. C'est à la société de veiller à ce qu'aucun de ses membres ne soit molesté, aussi bien quand il ne veut rien faire que lorsqu'il a l'intention de travailler.

*
* *

Les syndicats ont beaucoup à faire, s'ils veulent devenir tels que les a conçus la loi de 1884 et surtout s'ils veulent réaliser toutes les espérances que les véritables amis de la classe ouvrière fondent sur leur existence. Jusqu'ici ils ont été surtout des instruments de haine et de trouble, alors qu'ils ont surtout pour mission l'apaisement et la conciliation.

Leur but a été défini dans l'article 3 de la loi de 1884. « Les syndicats ont pour objet, l'étude et la défense des intérêts économiques, industriels, commerciaux et agricoles ». Ce que doivent, avant tout, rechercher les syndicats, c'est la meilleure solution aux difficultés pendantes entre le travail et le capital. Les syndicats mixtes composés de patrons et d'ouvriers, qui en se connaissant s'apprécient, ont eu la perception nette de leur raison d'être. Ils ont compris que la meilleure manière de résoudre la question sociale était d'apporter chacun de la patience, de la modération dans les désirs et surtout un vif désir d'aboutir, un véritable esprit d'entente et de conciliation.

Ce n'est pas en ruinant le patron, en se ruinant soi-même par des grèves intempestives et sans but que l'ouvrier sert au mieux ses intérêts. Il est vrai que le fauteur de troubles ne trouve pas son compte à ce que tout marche de la meilleure façon possible, mais l'ouvrier, la classe ouvrière y trouve le sien et si cette dernière était raisonnable, entre les deux intérêts, le choix ne serait pas douteux.

D'un côté, écarter les meneurs politiques ou révolutionnaires qui se servent des syndicats comme de marchepieds pour arriver à leurs fins et n'ont d'autre souci que de fomenter la discorde qui est leur raison d'être et leur moyen de parvenir, d'un autre côté, ne pas demander à la loi de 1884 ce qu'elle n'a pas voulu donner et abandonner cet esprit d'intolérance et d'exclusivisme qui a perdu les corporations et fatalement entraînerait la ruine des syndicats, telle est la double tâche que doivent accomplir actuellement les ouvriers.

Il ne faut plus que dans les syndicats s'introduisent des personnes étrangères à la corporation, qui lors de réclamations à présenter au patron, montrent à celui-ci des visages inconnus et menaçants : il ne faut plus que des grèves éclatent à propos de motifs des plus futiles et accréditent le bruit d'une série de mesures concertées avec méthode pour effrayer le capital et l'amener à capituler ; il ne faut plus enfin que les ouvriers gardent cette méfiance irraisonnée qui les aveugle et fait avorter les projets les plus utiles en paralysant les bonnes volontés : il faut qu'ils soient bien persuadés que le travail et le capital sont deux associés dont les progrès sont intimement liés et que de la fortune de l'un dépend la fortune de l'autre.

C'est alors qu'ils useront avec prudence et modération du puissant instrument que la loi leur a mis entre les mains, et qu'ils obtiendront les effets considérables résultant de volontés étroitement unies dans l'association.

En effet, avec la loi de 1884, les moyens d'action dont dispose la classe ouvrière sont complets et lui permettent

de discuter en toute liberté les conditions du contrat de
travail.

Depuis 1864, le délit de grève est supprimé ; la loi permet donc à un ouvrier de ne pas travailler, si bon lui
semble et elle reconnaît ainsi un droit fort légitime qui
complète le droit du travail.

Quand les ouvriers ne veulent plus travailler à un prix
déterminé, qu'ils veulent ou une diminution de la journée de travail ou une augmentation de salaire, ils ont
un moyen d'intimidation vis-à-vis le patron : ils peuvent
cesser le travail et peser sur la volonté du chef d'entreprise si celui-ci n'accède pas à leurs réclamations.

La grève n'a pas toujours les résultats cherchés par
l'ouvrier : si le patron a le pouvoir d'attendre la fin des
économies des ouvriers, ceux-ci seront forcés de céder et
de rentrer dans l'atelier ou l'usine, en subissant sa loi.

Mais si les ouvriers ont choisi le moment où les affaires prospèrent, où le patron a de nombreuses comman-
des et est forcé d'en passer par les conditions posées par
eux, sous peine de subir des pertes considérables, il y a
beaucoup de chances pour que, dans ces circonstances,
leurs revendications obtiennent un plein succès.

Les syndicats viennent compléter ces moyens d'action, en donnant plus d'unité et plus d'opportunité au
mouvement. De plus, les cotisations versées chaque
mois par l'ouvrier, en s'accumulant, constituent un fonds
de réserve considérable, permettant à la lutte de durer
et de se terminer à l'avantage de celui qui résiste le plus
longtemps.

Enfin, le syndicat représente la masse et c'est avec lui
que le patron discutera les conditions de la continua-
tion ou de la reprise du travail.

En s'unissant entre eux, les syndicats peuvent se passer le mot d'ordre et mettre un établissement à l'index, en empêchant le recrutement d'ouvriers par le patron.

Le jour où cette union sera consommée, l'ancienne situation sera retournée et ce sera le patron qui se trouvera à la merci de l'ouvrier.

Le moyen de faire entendre leurs revendications et le moyen de les faire aboutir est donc, avec la loi de 1884 complétant celle de 1864, libéralement accordé aux ouvriers. En présence du syndicat, il ne faut plus parler de servitude du travail : le travail et le capital maintenant se regardent en face et ce n'est pas le capital qui a le plus souvent le dernier mot.

La conscience de sa force doit faire réfléchir l'ouvrier : dans le premier moment d'effervescence qui a suivi l'action de ses nouveaux droits, il a pu abuser de sa nouvelle conquête et prendre un naïf plaisir à éprouver sa nouvelle puissance ; il serait téméraire, même dangereux pour lui de persister dans cette attitude. La grève est une arme à deux tranchants qu'il ne faut pas manier à la légère, et la ruine, la misère se chargeraient bien vite de le lui démontrer.

Si les ouvriers ne doivent pas rendre le syndicat insupportable en profitant de la liberté d'association pour se livrer à des manifestations inopportunes ou à des réclamations exagérées, ils doivent surtout veiller à ne pas le rendre tyrannique et haïssable, par la manière étroite et vexatoire dont ils le comprendraient, manière surtout funeste par les conséquences qu'elle engendrerait. L'exemple des corporations doit être continuellement sous les yeux des syndicats et si les ouvriers ne sont pas assez raisonnables pour éviter de retomber dans les mêmes errements, c'est aux personnes ayant quelque action sur les nouvelles corporations, soit au moyen de réglementations ou de prohibitions, soit au moyen de refus, de non concessions à des demandes, comme celle du monopole des bureaux de placement par exemple, ou en appliquant strictement les lois existantes, c'est à ces personnes d'éviter que les syndicats nouveaux n'aient la même et inévitable fin qu'en 1789 les anciennes corporations.

Il n'est pas nécessaire qu'en cette matière, on puisse dire une fois de plus, que, sans cesse, l'histoire se recommence. L'association des ouvriers est, en principe, une excellente chose et il serait vraiment regrettable que la pratique mal entendue d'un droit juste en lui-même, amenât une réaction excessive.

Bien comprise, l'association produira tous les effets qu'on est en droit d'en espérer.

Les ouvriers unis se concerteront au mieux de leurs intérêts et appuieront de toute la force de leur nombre et de leur cohésion, les revendications raisonnables, possibles, qu'ils feront entendre au capital.

En s'unissant avec les patrons, les ouvriers pourront former des conseils d'arbitrage qui n'auront d'autre sanction que l'engagement d'honneur des parties contractantes et représentées dans ces conseils, mais qui dans la plupart des cas, trancheront à l'amiable et d'une façon définitive des difficultés dont on leur aura soumis l'examen. De nombreux exemples de ces conseils existent déjà et offrent des résultats excellents (1).

Les syndicats mixtes de patrons et d'ouvriers pourront se charger du placement des ouvriers. Bien placés

---

(1) Une première expérience vient de confirmer d'une façon décisive ces pronostics. Des arbitres librement choisis par les patrons et les ouvriers ont terminé rapidement une grève fort considérable qui avait éclaté dans le Pas-de-Calais, novembre 1891.

pour juger des besoins de l'industrie et de la qualité de
l'offre de travail, ils résoudront sans peine la question
si irritante des bureaux de placement et pourront presque sans frais placer les ouvriers. Un intermédiaire coûteux sera ainsi supprimé pour le grand bien de tous.

Enfin la grosse question des salaires pourra être tran-
chée dans le sens le plus favorable, sans qu'il soit besoin
de grèves, et de tentatives d'intimidation de part et
d'autre. Un conseil composé mi-partie de patrons, mi-
partie de délégués d'ouvriers, pourra pour une certaine
région, fixer une certaine moyenne de salaires, facilement déterminable, la cherté de la vie dans cette région,
étant aisément connue ; nous parlons, au futur, car les
rapports entre les ouvriers et les patrons ne sont malheureusement pas encore arrivés à ce degré d'entente
dans la plus grande partie des pays : cependant quelques
applications de ce système fonctionnent et fonctionnent
à la grande satisfaction des intéressés, dans quelques
centres ouvriers. Pourquoi ce qui est aujourd'hui l'exception, ne serait-il pas demain, la règle ?

Il appartient aux ouvriers, en abandonnant d'absurdes
préjugés aux patrons, en montrant plus de souplesse et
de bon vouloir, de réaliser ces progrès.

L'avenir est, croyons-nous, dans ces rapports entre le
capital et le travail, rapports directs où des deux côtés,
l'on apprend à se connaître et à s'estimer. Les syndicats
mixtes sont à l'heure présente, au nombre de 120 : c'est
au moins le chiffre que donnait la dernière statistique
(1er juillet 1891), 120 syndicats mixtes sur 3120 divisés en
parts à peu près égales en syndicats de patrons (1105)
et syndicats d'ouvriers (1181); 120 syndicats mixtes,
c'est peu encore, mais une constatation consolante com-
pense cette infériorité. Tandis que les syndicats ou d'ou-

vriers ou de patrons se dissolvent assez rapidement, les syndicats mixtes ne comptent qu'un nombre infime de dissolutions.

On ne peut qu'encourager la création et le maintien de ces sortes de syndicats et, nous le répétons, les grands progrès susceptibles d'être accomplis viendront des syndicats mixtes et des conseils d'arbitrage.

Nous avons terminé l'étude des moyens mis à la disposition de l'ouvrier par l'organisation capitaliste pour lui permettre d'obtenir un salaire suffisant, capable de suivre les développements de la productivité et de se mesurer exactement sur la quantité de travail fourni.

En donnant aux ouvriers le droit de s'associer et de former un groupe qui puisse déléguer ses pouvoirs à un comité chargé de parler en son nom, le législateur a heureusement achevé l'affranchissement de l'ouvrier, timidement commencé par des réformes partielles.

L'article 1781 qui donnait à la parole du patron une autorité, une prépondérance sur celle de l'ouvrier, en cas de discussion sur la quotité des gages, le paiement du salaire échu, les acomptes donnés, cet article a été supprimé par la loi du 2 août 1868. L'ouvrier et le patron sont mis ainsi sur un pied d'égalité.

Déjà en 1864, le droit de grève avait été reconnu et l'article 416 du Code pénal réprimant les coalitions en vue de faire grève, supprimé. Nous avons vu comment la loi de 1884 complétait la loi de 1864.

Les ouvriers syndiqués traitent de puissance à puissance avec le patron.

Toute déclamation sur l'état d'abaissement et de faiblesse de la classe ouvrière, vis-à-vis le patron est maintenant hors de saison et les pouvoirs publics n'ont plus qu'à tenir la balance égale entre les deux parties en présence dans le contrat de travail, en se renfermant dans leurs attributions de police et de surveillance, en réprimant énergiquement toute atteinte portée à la liberté du travail et en faisant scrupuleusement respecter les contrats intervenus.

Des améliorations de détail sont journellement apportées dans la condition des ouvriers.

Une loi du 20 juillet 1891 a créé un office général de renseignements dont le but est d'organiser la statistique permanente du travail, comprenant, à titre d'exemples, le nombre, la nature et l'importance des établissements industriels, leur matériel et leur outillage, les capitaux engagés, les matières premières mises en œuvre, le nombre, le sexe, l'âge des ouvriers, le montant et la forme des salaires, le coût des nécessités de la vie, la quantité et la valeur des produits fabriqués : de plus, l'office devra procéder à des enquêtes spéciales concernant les questions ouvrières à l'ordre du jour. Il sera, à cet égard, l'organe direct d'informations du Gouvernement, des Chambres et du Conseil supérieur du travail, qui le chargeront de rassembler et de mettre en ordre tous les matériaux utiles à la préparation des projets de loi sur le travail.

Le programme est vaste : l'avenir dira s'il a été efficacement rempli.

Les ouvriers demandent encore, l'insaisissabilité des salaires (1); on pourrait l'accorder, au moins en partie, de

____

(1) Dans une pensée de protection envers les ouvriers, la loi du 25 juillet 1891 étend à tous les travaux ayant le caractère de travaux publics les dispositions du décret du 26 pluviôse-18 ventôse an II ; il en résulte: 1° que les sommes dues aux entrepreneurs de ces travaux ne peuvent être frappées de saisie-arrêt ou d'opposition, au préjudice des ouvriers auxquels des salaires sont dûs ; 2° que les sommes dues aux ouvriers pour salaires sont payées de préférence à celles dues aux fournisseurs.

même qu'on pourrait permettre à la femme de l'ouvrier de faire saisie-arrêt sur une portion du salaire de son mari, mesure souvent indispensable pour permettre à la femme et aux enfants de subsister, en face d'un chef de famille oublieux de ses devoirs.

A côté du salaire proprement dit, nous avons trouvé des perfectionnements possibles, entre autres, le salaire à la tâche, le salaire avec primes, la participation aux bénéfices.

Dans un chapitre spécial, nous étudierons les mesures propres à améliorer la condition de l'ouvrier au point de vue des garanties et nous étudierons comment un ouvrier honnête et économe peut, à l'aide d'un prélèvement modique sur son salaire moyen, arriver à s'assurer contre la maladie ou la vieillesse. Nous examinerons ce qui a été fait, ce qui existe, ce qu'on propose et ce qu'on peut faire.

Nous aurons ainsi une idée à peu près complète du mode de fonctionnement du salariat et nous pourrons conclure en connaissance de cause.

TROISIÈME PARTIE

Le mode de rémunération du travail, dans la société collectiviste.

CHAPITRE PREMIER

L'organisation de la nouvelle société collectiviste n'est pas prévue dans Marx ou ses successeurs. — Schaeffle. Quintessence du socialisme. — Benoît Malon. Socialisme intégral. G. Deville. Socialisme scientifique. — Comment on travaillera dans la société collectiviste ? Comment on sera rémunéré ? — Collectivité des capitaux et du travail. — Dangers d'une désharmonie funeste entre la production et la consommation.

Le Docteur Marx s'est livré à une minutieuse analyse des conditions d'exploitation du travailleur et il a fulminé contre l'organisation capitalistique qui enfante et protège de tels abus.

Après une aussi virulente attaque contre les procédés en usage dans cette organisation capitalistique pour rémunérer le travail ou la force de travail de l'ouvrier, il semblerait au moins logique d'indiquer comment on pourrait, dans une société construite suivant les principes collectivistes, reconnaître et rétribuer exactement les efforts des travailleurs. Cette indication, Marx, aussi bien que les autres collectivistes, a complètement négligé de la fournir. Son œuvre, toute de critique, ne contient rien de positif et il a totalement laissé dans l'ombre les réformes qui découlent nécessairement des observations acerbes et violentes présentées par lui. Cela est étrange, car enfin, lorsqu'on constate qu'un système fonctionne mal, on recherche le pourquoi de ce mauvais fonctionnement et le mal connu, le remède est bien près d'être trouvé. Marx a recherché pourquoi le travailleur était exploité, il a trouvé ce pourquoi, puis il s'est arrêté. Serait-ce que pareil à beaucoup de critiques, il serait incapable de produire lui-même ou bien qu'en l'espèce, il aurait considéré l'œuvre de création comme trop ardue et se serait contenté d'une critique toujours facile ? — Pour ces motifs ou pour d'autres, il s'est abstenu et si nous voulons avoir une idée de ce que pourrait être la société collectiviste, en cas de triomphe des idées de ses adeptes, nous sommes obligé de laisser de côté Marx et de nous adresser à Schaeffle.

Schaeffle est un ancien ministre d'Autriche qui publia, il y a quelques années, sans nom d'auteur, un petit ouvrage intitulé « La Quintessence du socialisme ». C'était la première fois qu'on essayait de mettre en lumière les conséquences des théories marxistes. La tentative eut beaucoup de succès et le traducteur du « Capital » de Marx, M. Benoît Malon, entreprit également la traduction de « La Quintessence ». Cette traduction par un socialiste avéré de l'ouvrage de Schaeffle montre bien que les collectivistes considéraient les idées qu'il renfermait comme orthodoxes et favorables à la propagation du système. Cependant Schaeffle faisait à sa mise en pratique des objections sérieuses et dont nous nous emparerons, car la solution qu'il a essayé de leur donner n'est pas décisive. Bien plus, quelques années après cette première publication, il se fit connaître et, dans un nouveau livre, déclara qu'à son avis, le système était impraticable.

Schaeffle n'est donc pas un véritable collectiviste et, en réalité, il a joué un mauvais tour aux socialistes, en paraissant partager des idées qu'au fond, il considérait comme inapplicables. Cependant on peut admettre qu'il a déduit logiquement les idées de Marx, puisque les socialistes eux-mêmes s'y sont trompés et nous pourrons, en le parcourant, avoir une vue assez nette des impossibilités rencontrées, dans son établissement et surtout dans son fonctionnement, par la société collectiviste.

Depuis Schaeffle, un résumé de Marx a paru, accompagné d'une préface par l'auteur du résumé, M. G. Deville. Ce dernier intitule cette préface « Aperçu sur le socialisme scientifique » et comme il se réclame de Marx dont il prétend être un fidèle adepte, nous pourrons appuyer notre démonstration sur sa dissertation, en même temps que sur les propositions de l'auteur de « La Quintessence du socialisme ».

Quant aux collectivistes modernes, ils n'ont pas abandonné les traditions. Ils continuent à attaquer la société capitalistique, mais ne soufflent mot de la société collectiviste dont ils voudraient voir l'avènement. Ils poussent à la destruction ou à la transformation de ce qui existe, sans se préoccuper des conséquences de leurs tentatives sur la production future.

Récemment un organe du parti, *Die neue Zeit* (IXᵉ année, t. 2, p. 500) exposait le programme des revendications du parti, puis aboutissait à demander l'interdiction du travail de nuit, du marchandage, la réglementation du travail des adultes, etc.

C'est toujours la même tactique. On tonne contre l'organisation actuelle et quand il s'agit d'exposer des vues personnelles, on se rejette sur des réformes de détail. Il nous faut cependant chercher et trouver dans les demi-aveux des chefs du parti ou dans les écrits des penseurs plus hardis, que les socialistes paraissent avoir approuvés, la manière dont, en nous plaçant à notre point de vue spécial, les ouvriers, les travailleurs seraient rémunérés dans la société collectiviste.

Nous nous contenterons de ces documents, en vérité, assez incomplets.

Le but du collectivisme est, nous l'avons déjà indiqué, de transporter à la collectivité les agents de production, les capitaux qui se trouvent aujourd'hui entre les mains des particuliers.

Tout le monde est d'accord sur ce point.

Schaeffle nous dit que le programme du socialisme comporte « le remplacement du capital privé — c'est-à-dire du mode de production spéculateur privé, sans autre règle sociale que la libre concurrence — par le capital collectif, c'est-à-dire par un mode de production qui, fondé sur la possession collective de tous les moyens de production par tous les membres de la société, produirait une organisation plus unifiée, sociale, « collective » du travail national ».

Plus loin, il précise et nous apprend que « dans l'État socialiste, les moyens d'organiser toute production et toute circulation de richesses (c'est-à-dire, le capital, la somme des moyens de production) seraient la propriété commune de la société, dont les organes collectifs, d'une part, coordonneraient toutes les forces séparées de travail, pour les fondre dans l'organisation du travail collectif et, d'autre part, distribueraient tous les produits de cette coopération sociale, au prorata des travaux de chacun.

« En conséquence, il n'y aurait plus ni affaires privées, ni entreprises privées, mais seulement le travail collectivement organisé dans les établissements de la production et de l'échange socialement organisés avec le capital collectif ».

Suppression des capitaux privés, des moyens de production privés et organisation d'une production collective grâce à l'appropriation des capitaux par la collectivité, voilà à quoi tend le collectivisme.

Nous pourrions multiplier les citations. M. G. Deville constate que le collectivisme « conclut à ce que les moyens de production, achevant leur évolution actuelle, soient socialisés ».

Le journal socialiste imprime que « le parti démocrate socialiste d'Allemagne tend donc à transformer les moyens de travail, fonds et tréfonds, mines, machines et instruments, moyens de communication, en propriété commune de la société et la production capitaliste, en production sociale ».

Le but est bien défini : comment sera-t-il atteint ? Les collectivistes comptent sur la force des événements et la fatalité d'une évolution qui transforme incessamment et inévitablement l'organisme producteur. « Le socialisme, dit Engels, n'est que le reflet dans la pensée, du conflit qui existe dans les faits entre forces productives et formes de production ».

Il se produit tous les jours dans l'industrie une concentration de plus en plus grande de capitaux et de forces de travail. La société anonyme, avec ses nombreux actionnaires et obligataires, prend de plus en plus d'extension. Les usines s'agrandissent, les magasins de vente deviennent d'immenses bazars, et enfin les ouvriers eux-mêmes s'organisent en syndicats. Le socialisme n'a pas de répugnance pour ces associations d'ouvriers et de capitaux ; bien au contraire, il les encourage, car il estime qu'elles doivent accélérer la chute de la propriété individuelle et le triomphe de la propriété collective. « Tout ce qui discipline les masses unitairement, tout ce qui les centralise, tout ce qui renferme, en soi, une concentration publique de forces isolées sur une vaste échelle, a une grande affinité avec le socialisme ». Supposons, un instant, que le programme soit réalisé. La société est maîtresse des capitaux qu'elle socialise. La production va se faire dans les ateliers collectivement organisés. Deux questions se posent aussitôt. Comment travaillera-t-on ? Et comment sera-t-on rémunéré ?

Comment on travaillera ?

Le travail étant collectivement organisé, les travailleurs continueront, comme par le passé, à se rendre à l'atelier qui ne sera plus l'atelier du patron, mais bien l'atelier de la collectivité. La différence paraît peu sensible, cependant elle existe. C'est pour alimenter la production générale, non la production particulière, patronale que désormais on travaillera : il n'y aura plus de salariat, partant plus d'exploitation de l'ouvrier par le patron (1).

Tout est là.

« Les rapports de gains pour les capitalistes et de salariat pour les ouvriers seraient supprimés ».

« On travaillerait pour la société et on serait rémunéré par elle : on ne connaîtrait plus que les revenus du travail ».

Y aura-t-il une sanction à ce travail, un encouragement ? De même, en sens inverse, la paresse sera-t-elle défendue, réprimée ?

---

(1) Voir dans le *Journal des Economistes* (Décembre), un tableau de la production socialiste, peint par M. Richter dans un article humoristique intitulé : *Après la victoire socialiste.*

Il y aura une sanction au travail ; en échange des efforts dépensés, la société accordera non plus un salaire, mais une rémunération, sous forme de bons de travail, et ces bons seront indispensables tôt ou tard à chaque individu, car l'intérêt de l'argent sera supprimé et il faudra bien travailler pour vivre.

D'ailleurs, on s'arrangera pour demander le moins possible de travail à l'homme et on y arrivera, grâce au développement du machinisme : il y a bien un certain minimum de production qu'il faudra trouver, mais si on ne peut l'atteindre, on limitera la consommation individuelle et on la rationnera, au besoin.

Cette perspective ne semble pas très redoutable aux collectivistes : ils comptent d'abord sur l'esprit de dévouement qui « existe chez l'homme comme chez le chien et qui pourra s'exercer et s'exercera d'autant plus que l'entraînement, l'émulation, comprimés aujourd'hui chez ceux qui savent qu'ils travaillent pour autrui, prendront enfin l'essor » (Deville).

Nous ne pouvons que féliciter les socialistes d'avoir cette haute idée de travailleur et de lui prêter d'aussi excellents sentiments : cependant nous craignons bien que de ce côté, ils n'éprouvent quelques désillusions.

Mais il n'y a pas que ces nobles mobiles qui pousseront l'ouvrier au travail, M. Paul Lafargue, dans son réjouissant opuscule, est d'avis que désormais le travail sera pour tout le monde « le condiment des plaisirs de la paresse » (*Le droit à la paresse*). On travaillera pour apprécier, peu après, le plaisir de ne rien faire. Nous doutons fort que, dans ces conditions, malgré le développement même énorme du machinisme, le travail soit très productif.

Comme on n'aurait plus l'espoir d'amasser des capitaux rapportant un certain intérêt ; comme dans le programme socialiste, l'enfance et la vieillesse seraient désormais à l'abri ; qu'enfin il suffirait de travailler pour gagner juste de quoi vivre, nous croyons bien que le rationnement deviendrait bientôt la règle, que la condition moyenne s'abaisserait dans de considérables proportions et qu'enfin l'État collectiviste descendrait au dernier échelon de la misère, dans ses rapports avec les autres États.

On peut médire de la société capitaliste et déplorer les exagérations du sentiment de l'intérêt individuel, mais ce sentiment est bien encore le mobile le plus énergique qui puisse agir sur l'homme et le pousser à la production, source de richesses pour lui et la société entière.

On sait combien le public se désintéresse volontiers de tout ce qui ne le touche pas d'une manière directe et il y a longtemps qu'on a fait le procès des administrations où chacun cherche à travailler le moins possible, et en fait juste assez pour ne pas être privé de sa place ou de son emploi. Un des vices de la société collectiviste est justement de tuer tout esprit d'initiative ou d'émulation et Schæffle exprime bien à cet égard, le sentiment de doute et de crainte qui s'empare de l'esprit à l'énoncé de la théorie. « Il (le système collectiviste) ne pourrait probablement pas arriver à une production sociale plus économique que la production qu'a atteinte, en moyenne, l'économie capitalistique par la surexcitation de l'intérêt privé et par la mesure des prix, non seulement d'après la somme des frais mais aussi et surtout d'après la valeur spéciale et technique du temps et du lieu des travaux et des richesses isolées ».

On ne travaillerait donc, dans cette société, que dans

la stricte mesure de ses besoins et eût-on même le désir,
l'ambition de travailler de façon à acquérir un certain
nombre de bons de travail supérieur à la moyenne, que
la satisfaction de ce désir et de cette ambition ne donnerait pas de bien brillants résultats. La réponse à notre
deuxième question : comment on serait rémunéré ? va
nous dire pourquoi.

*
* *

La raison d'être du mouvement socialiste moderne réside dans la critique des modes de rémunération du travail en usage dans la société capitalistique. En examinant comment fonctionnait cette société et en écoutant
les doléances d'un des facteurs de la production, les socialistes ont cru s'apercevoir que les doléances étaient
justifiées et que la société fonctionnait mal. La force de
travail mise à la disposition du capital était opprimée
par lui : forcée de subir ses conditions, elle végétait misérablement et lui permettait de se renouveler et de s'accroître sans cesse, forgeant de cette manière et sans re-
lâche les chaînes qui servaient à l'enserrer. Une société
ainsi construite était mal organisée. Il fallait la réédifier
sur de nouvelles bases et supprimer d'aussi criants abus.
Dans la nouvelle organisation économique, le travail
prendrait sa véritable place et serait rétribué selon sa
véritable valeur.

La valeur du travail devant être la base de la rétribution, il fallait chercher à la connaître exactement. Aussi
est-ce sur ce point que les efforts de Marx se sont de
suite portés. Quelle est la valeur de la force de travail ?
Comment peut-on mesurer cette valeur ?

Nous avons déjà répondu à ces questions, mais nous
pouvons y revenir, sans crainte de redites. En cette ma-

tière, les notions demandent à être précises et bien établies.

On part de ce principe, que nous croyons juste en lui-même, que le travail humain est l'essence, le fondement de toute valeur. Un objet présente une certaine valeur parce qu'il renferme du travail humain. Cette valeur peut varier dans des proportions quelquefois énormes, si l'objet ainsi travaillé est très demandé et si, en même temps, il existe en quantité limitée. L'utilité et la rareté influent sur le taux de la valeur courante, mais ne peuvent servir de base à la valeur normale.

Celle-ci est donc fixée d'après le travail qu'elle renferme et en se procurant un objet pris dans des conditions moyennes de production et en payant sa valeur courante, l'acheteur paie d'abord la valeur normale représentée par le travail humain qui y est incorporé, plus, en général, une certaine somme destinée à reconnaître le service rendu par le vendeur qui a mis à la disposition du public l'objet demandé et lui a épargné la peine de le produire.

Si nous appliquons ce raisonnement à la force de travail, nous dirons que sa valeur normale est représentée par le travail contenu dans la production des matières et des objets nécessaires à son entretien, à sa reconstitution et en même temps à son amortissement, le tout exprimé dans une commune mesure, la monnaie. La valeur courante devra avoir cette base, la valeur normale, et varier suivant l'utilité du travail de l'ouvrier ou la rareté plus ou moins grande de la main-d'œuvre.

Ces idées nous semblent exactes, mais Marx en a fait une fausse application.

Il commence par nous exposer la situation lamentable de l'ouvrier dont le salaire ne représenterait que ce qui lui serait strictement nécessaire pour vivre et se perpétuer et ensuite il confond la valeur du produit avec la valeur du travail de l'ouvrier, sans se préoccuper de savoir si la valeur de ce produit ne renferme pas d'autres éléments, entre autres, la valeur du travail patronal.

Nous avons suffisamment insisté sur ces oublis ou ces exagérations pour n'avoir plus à y revenir. Mais lorsque le système sortira de la théorie pour entrer dans la pratique, les novateurs vont se trouver singulièrement embarrassés.

Puisque dans la société capitalistique, l'ouvrier n'a pas la rémunération à laquelle il a droit et que cette iniquité provient de l'exploitation patronale, la suppression du patronat et la socialisation des capitaux sont indiquées. La société produira donc directement et les travailleurs fourniront du travail dans les ateliers socialisés. Qui dirigera ce travail ? Personne ne nie l'efficacité du travail de direction et l'on sera bien obligé d'avoir des gens instruits à la tête des ateliers. Cette classe d'hommes supérieurs sera rétribuée, car nous ne supposons pas, et cette supposition est même invraisemblable dans la société collectiviste où les capitaux particuliers sont supprimés, que ces travailleurs supérieurs ne verront pas rémunérer leur travail, qu'ils travailleront *pro honore*. Sur le produit commun, on sera donc obligé de prendre une somme destinée aux traitements des directeurs ; de même pour alimenter les services publics, entretenir et renouveler le capital social on puisera dans ce fonds commun. Le produit du travail, toutes les sommes nécessaires déduites, sera la part des travailleurs ; c'est sur cette part que sera fixée la rémunération du travail, nous allions dire le salaire des ouvriers.

Comment sera calculée cette rémunération ?

C'est ici qu'intervient la mesure de la valeur préconisée par Marx : cette mesure sera l'unité de temps de travail. « Le temps de travail qui détermine la valeur d'un article est le temps nécessaire socialement à sa production, c'est-à-dire le temps nécessaire en moyenne, non dans un cas particulier ; c'est le temps qu'exige tout travail exécuté avec le degré moyen d'habileté et d'intensité et, dans les conditions ordinaires, par rapport au milieu social donné ». Voilà le critérium. Un objet demande 10 heures de travail moyen et 15 ouvriers par exemple : le salaire d'un ouvrier pour une heure sera de 1/150e de la valeur du produit : dans la société collectiviste on retranchera une partie de cette valeur pour l'entretien du fonds, le traitement des directeurs, et les besoins des services publics et le restant de la somme sera divisé par 150 dans notre espèce pour obtenir le prix de l'heure ; ensuite on multipliera par le nombre d'heures et l'on aura la rémunération du travail d'une journée. Cette méthode paraît assez simple ; au fond, elle est des plus compliquées. Tout d'abord, il faut établir la valeur de l'objet d'après le nombre d'heures nécessaires pour sa confection et en calculant la valeur de la force de travail dépensée pendant une heure ; ce n'est pas la valeur de l'objet qui devra déterminer la valeur de la force de travail, mais bien la valeur de la force de travail, calculée sur ce qui lui sera nécessaire en moyenne pour s'entretenir et se renouveler qui devra fixer la valeur de l'objet. Agir autrement serait commettre une pétition de principe qui ne mènerait à rien. Maintenant à quel moment calculera-t-on la valeur de l'objet ? Evaluera-t-on cette valeur telle qu'elle existe dans la société capitaliste ou telle qu'elle existera dans la société collectiviste ? Si l'on fait l'évaluation dans la société capitaliste, les calculs courront grand risque d'être faussés lorsqu'on aura changé le mode de production. Si l'on ne fait le calcul qu'après la constitution de la société collectiviste, on sera fort embarrassé, car tout moyen d'évaluation autre que le temps de travail socialement nécessaire, sera supprimé. L'argent devra de suite disparaître, il ne restera que le temps de travail. On sera obligé de tout rapporter à une mesure bien imparfaite et dans bien des cas inapplicable. Dans certaines hypothèses, comment voudra-t-on évaluer des services qui ne dépendront pas de la durée du temps qu'on leur aura consacré, mais de la valeur de celui qui les aura rendus, valeur qui peut tenir à un don naturel, inappréciable ? Les médecins, les avocats, les artistes, toutes les professions libérales ne pourront être rémunérées d'une façon aussi étroite et très souvent impraticable. Qui, d'ailleurs, se chargerait de calculer la valeur du service rendu ?

Et, en nous plaçant dans des espèces plus communes, la durée de travail peut-elle être une mesure sérieuse, même entre ouvriers exerçant le même métier ? Le résultat le plus immédiat serait d'établir une moyenne des plus basses et d'encourager la fainéantise.

Dans le système, on recevrait des bons de travail représentant le nombre d'heures passées à l'atelier et avec ces bons on pourrait se rendre dans les magasins généraux où l'on trouverait tout ce qui serait nécessaire. Les bons de travail correspondant à un certain nombre d'heures passées à l'atelier, voilà donc le moyen de rémunérer le travail quel qu'il soit, celui d'un ouvrier laborieux et intelligent, comme celui d'un ouvrier dissipé et paresseux. Les collectivistes sentent bien l'anomalie : aussi font-ils de grands efforts pour l'éviter et essayer d'éveiller dans le travailleur une noble émulation, cette émulation naturelle à l'homme et jusqu'ici étouffée par la société capitalistique.

Schaeffle n'a pas grande confiance dans le développement spontané de ce sentiment et il recommande un système de primes à la production. On travaillerait avec plus d'ardeur « si chacun recevait d'autant plus que tous les autres travaillent davantage dans toutes les branches de la production.

» Alors le travailleur s'intéresserait, au plus haut dégré, à l'ensemble de toutes les branches industrielles. Le contrôle économique et la discipline du travail, qui deviennent de plus en plus impossibles au régime de production capitaliste que cette lacune rend de plus en plus instable, seraient, dans l'État socialiste, beaucoup mieux garantis par des primes communes, car chacun, en ce qui regarde la perception de sa rémunération et de sa prime, serait intéressé à ce que le paresseux et le mauvais travailleur ne reçoivent pas une solde complète. Chacun serait intéressé à ce que les frais de travail, en moyenne, soient le plus bas possible, car d'après ces frais seraient déterminés les prix des produits sociaux et on pourrait, pour une quantité donnée de bons de travail, en avoir d'autant plus que les frais sociaux de chaque genre de produits seraient moins élevés ».

L'idée de primes est empruntée à la société capitalistique où elle donne d'excellents résultats, en surexcitant le sentiment de l'intérêt individuel : dans la société collectiviste elle nous paraîtrait moins heureuse et ne servirait qu'à exciter la jalousie et une basse surveillance entre les travailleurs, mais son adoption par un commentateur du socialisme montre bien qu'il ne suffit pas de souhaiter rencontrer les généreux sentiments dans le cœur de l'homme, pour être assuré de les y trouver.

Le défaut d'énergie dans la production serait déjà un mal, car en fin de compte, il amènerait un rationnement dans la répartition, mais le manque de souplesse et de rapidité dans la distribution du travail causerait encore plus de pertes, serait encore plus désavantageux.

Dans la société collectiviste où, par définition, il n'y a plus de salariés, mais seulement des travailleurs libres, remplis de science et de bonne volonté, chacun serait apte, ayant étudié la mécanique, à exercer un art manuel, à son choix. Il pourrait choisir l'atelier conforme à ses goûts et y venir travailler quelques heures par jour; ensuite, il serait libre de s'amuser ou de se distraire comme bon lui semblerait.

Les directeurs de la statistique, science appelée à faire grande besogne dans la nouvelle société fixeraient, chaque année, un peu plus que ce qui semblerait nécessaire aux besoins de la consommation, et les centres de production, d'après ces indications, dirigeraient les travailleurs; comme il n'y aurait plus d'oisifs, on peut espérer qu'en travaillant cinq ou six heures par jour, la production équivaudrait à peu près à la consommation. Cependant on peut se demander ce qui se passerait si la valeur d'usage d'un objet venait à augmenter. On aurait bien fixé arbitrairement cette valeur à un moment donné, mais on ne pourrait avoir la prétention de maintenir cette valeur quoiqu'il arrive ou quelles que soient les demandes du public acheteur. Alors une poussée devrait se faire dans la production, sinon la valeur monterait; à moins cependant qu'on ne soit obligé de faire subir une réduction proportionnelle aux demandes. La poussée dans la production pourrait, peut-être, dans certaines occasions, être assez rapide et assez intense, pour parer aux besoins de la clientèle ; mais très souvent, la statistique constaterait le mouvement, alors qu'il serait terminé ou en décroissance et ses renseignements rétrospectifs se borneraient à cette constatation. D'un autre côté, on ne pourrait obtenir une surproduction qu'en demandant aux travailleurs d'augmenter la durée de leur journée de travail et à cela, ils n'auraient pas grand intérêt, la possession d'un plus grand nombre de bons de travail n'étant pas d'un attrait extraordinaire, puisque le revenu des capitaux serait supprimé. Le public acheteur en serait donc réduit à ne pouvoir obtenir ce qu'il rechercherait ou à subir des prix élevés. Pour notre part, nous ne voyons pas comment on pourrait empêcher la loi de l'offre et de la demande de fonctionner. Établirait-on un maximum ? Alors c'est le rationnement ou la privation.

Mais ce n'est pas tout. Marx prend comme critérium de la valeur, le travail de l'ouvrier et comme mesure de cette valeur, le temps social employé.

Indépendamment de la fausseté de ce critérium ou tout au moins de son application incomplète, et indépendamment des difficultés de fixation du temps social, on se trouve en présence d'une mesure complètement instable. La valeur normale d'un produit peut être mesurée de cette façon et encore, en joignant au travail de l'ouvrier celui du patron, ce que néglige Marx ; mais quand il s'agit de la valeur d'échange, la valeur normale subit une modification provenant du paiement du service rendu, paiement dont le chiffre varie avec l'utilité de l'objet ; ce service, la concurrence tend, dans la société capitaliste, à modérer sa rémunération. En supprimant la concurrence, le collectivisme ne met plus de bornes à l'accroissement des prix et la loi de l'offre et de la demande s'exerce sans contre-poids. Cela est évident, car dans la société collectiviste, la concurrence est supprimée dans la production, en même temps que dans la vente.

Dans notre société, il est incontestable que dans les circonstances ordinaires, la concurrence agit assez puissamment sur les producteurs pour les forcer à se tenir à la hauteur des besoins de la consommation et c'est plutôt même un excès dans la production tendant à avilir les prix qui serait à redouter, qu'un renchérissement provenant d'un désaccord entre la demande et l'offre.

Dans la société collectiviste, nous avons montré le peu d'intérêt des travailleurs à augmenter leur productivité : la suppression de la concurrence a donc pour effet le ralentissement, presque le recul dans la production.

Cette suppression a d'autres conséquences tout aussi fâcheuses dans la vente. Le service rendu par le vendeur à l'acheteur et qui est équivalent à tout le travail épargné à ce dernier, travail aussi bien de l'ouvrier que du patron, ce service, dans l'organisation capitaliste, ne peut voir élever, d'une façon extraordinaire, sa rémunération grâce à la concurrence.

Avec le système collectiviste, rien de pareil ne s'oppose à des exagérations provoquées par une demande en disproportion avec l'offre et il se produit ainsi tantôt une élévation désordonnée des prix dans la vente, tantôt même une impossibilité absolue de répondre aux besoins de la consommation.

Si, en présence de pareils résultats, l'État recourt aux mesures de rigueur, c'est un appauvrissement général qui en résulte à bref délai. De pareilles conséquences ne sont pas faites pour encourager la pratique d'un système : aussi est-ce avec une angoisse plus ou moins réelle que Schaeffle s'écrie :

« La valeur sociale (valeur d'échange) doit être déterminée non seulement d'après la valeur des frais, mais, en même temps aussi, d'après la valeur d'usage variable.

» Sans cela, le besoin social et la production sociale tombent dans une désharmonie funeste dont personne ne pourrait conjurer les désastres.

Plus loin, il est plus affirmatif et il conclut :

« Il est très sûr que la théorie socialiste de la valeur en tant que, dans la détermination de la valeur des richesses, elle ne prend en considération que les frais sociaux et néglige totalement la valeur d'utilité qui varie selon le temps, le lieu et la chose, est complètement incapable de résoudre d'une manière réellement économique le problème de la production collective par la société ».

On ne peut mieux dire et cette désharmonie funeste redoutée par Schaeffle ne manquerait pas d'être le signe caractéristique de la société nouvelle, la concurrence étant supprimée.

Notre intention n'est pas d'entrer dans les détails de ce que pourrait être l'Etat socialiste ; d'abord nous manquons trop de renseignements précis et nous en sommes réduits aux conjectures de Schaeffle et à ses déductions plus ou moins hasardées ou au pur roman économique dont M. Benoît Malon nous offre le spécimen dans son dernier chapitre du « Socialisme intégral » : ensuite nous voulons seulement rechercher ce que, dans la société collectiviste, deviendrait le travail et sa rémunération et c'est pour élucider ce côté délicat de la question que nous avons donné les grands traits de ce que pourrait être la pratique du système. Il nous faut, à présent, fixer nettement ou tout au moins avec le plus d'exactitude et de vraisemblance possibles ce qui devra remplacer le salariat, dans l'État collectiviste.

*
* *

Dans la société nouvelle, l'ouvrier travaille toujours il peut avoir cinquante patrons, au lieu d'un seul : il n'en est pas moins vrai que la direction, que quelque chose ou quelqu'un lui est supérieur et qu'il reçoit des ordres. Il travaillera moins, dit-on. Les collectivistes estiment que personne n'étant oisif, la production sera assez intense pour ne demander que cinq heures à peine de travail à chacun. Certes, ce ne sera pas énorme, mais nous nous demandons si cette abréviation de la durée de la journée de travail n'aura pas pour conséquence une diminution de production, avec le fâcheux rationnement à l'horizon. On compte sur les progrès de la productivité ? Nous répondons qu'il ne faut pas trop tabler sur ce progrès, pour les raisons développées quelques lignes plus haut.

L'ouvrier continuera à travailler et le seul progrès qu'il aura vu s'accomplir dans sa condition, sera un raccourcissement dans la durée de sa journée de travail : ce sera une bien mince satisfaction, si la production ne permet pas, en même temps, d'améliorer sa condition matérielle. L'idéal ne consiste pas à avoir des loisirs et beaucoup de loisirs : il vaudrait beaucoup mieux en avoir moins et avoir plus de ressources.

Il est vrai qu'il pourra dépasser le nombre d'heures moyen et, en travaillant davantage, acquérir plus de bons de travail : mais, il n'est pas besoin d'être très au courant du caractère et des idées du monde ouvrier, pour pronostiquer la presque impossibilité du fait. Avec l'idée d'un fonds commun de produits à répartir, les notions fausses des Trade-Unions sur le fonds des salaires ne manqueraient pas de reparaître à bref délai, et sans vouloir s'apercevoir que le travail supplémentaire devrait enrichir la masse d'une quantité proportionnelle au temps employé, les ouvriers crieraient bien vite à l'accaparement et accuseraient l'ouvrier trop zélé de diminuer d'autant la part des camarades dans le produit.

L'ouvrier pourrait encore arguer de ce qu'il ne sera plus exploité dans le nouvel État, le travail étant désormais rémunéré après qu'il a été fourni et non à forfait, comme dans la société capitalistique. Si cependant il est démontré qu'avec une rémunération déterminée à l'avance, l'ouvrier peut gagner plus qu'avec un salaire établi d'après les ressources du fonds de consommation, nous ne voyons pas bien ce qu'il aura gagné au changement.

Si nous passons à un autre ordre d'idées, le travail intellectuel qui à temps égal exige, en général, plus d'efforts que le travail manuel, combien de temps se verrait-il attribué ? Pour que la justice fût observée, il faudrait, non seulement l'égalité de travail, dans la même profession, mais encore dans la société entière, l'équivalence des divers travaux. Aurait-on la prétention d'assimiler les cinq heures de travail d'un chiffonnier avec les cinq heures d'un mathématicien ?

Dirait-on que deux ou trois heures par exemple de ce dernier vaudraient les cinq heures du premier.

Nous pouvons faire ce raisonnement. Le collectivisme lui-même reconnaît que pour les travaux répugnants, deux ou trois heures de travail pourraient équivaloir à cinq heures de travail ordinaire. Mais qui fixerait cette proportion ? Dans le « Socialisme Intégral », M. Malon reconnaît que cela dépendrait du nombre d'ouvriers qui se présenteraient. Alors vous laissez subsister la loi de l'offre et de la demande? Vous vous tirez d'un mauvais pas par une inconséquence avec la théorie que vous préconisez et vous agissez de cette façon, parce qu'il est impossible de faire autrement; ce qui démontre surabondamment que la concurrence est dans la nature des choses et que c'est une utopie de vouloir la supprimer.

Il est d'ailleurs étonnant d'entendre proclamer la nécessité de cette suppression et de vouloir tant d'égalité dans la répartition, dans l'appropriation des produits, quand on n'a qu'à jeter les yeux sur ce qui se passe autour de soi, pour se convaincre que l'inégalité est la règle, l'égalité, l'exception.

Ce n'est pas l'égalité d'allure ou l'égalité au point d'arrivée que nous demandons, répliquent les socialistes, mais l'égalité au départ et dans les moyens d'action. L'intention est fort louable, mais la mise à exécution de l'idée ne mérite pas les mêmes éloges. Vous voulez stimuler les instincts supérieurs, permettre à chacun d'arriver, et vous ne lui montrez pas la possibilité d'obtenir un résultat.

Car ce n'est pas en se servant des bons de travail que la société collectiviste espère obtenir le maximum d'efforts de la part de ses membres.

Que représenteront ces bons de travail? Des quantités de marchandises à prendre dans les magasins généraux? Or, on ne sera même pas sûr de pouvoir toucher la quantité correspondant à la valeur du travail fourni.

Tout dépendra de la production représentée par la quantité de produits obtenus. Si pour une raison ou pour une autre, que ne saisiront pas ou ne saisiront que trop tard les comités de production, les travailleurs demandent tel produit, et que la production par suite d'une « funeste désharmonie » ne soit pas en rapport avec la consommation, voilà toutes les valeurs déséquilibrées et le travailleur qui obtient moins que ce qu'il demande ; on va réduire sa demande et c'est avec cette perspective encourageante que vous espérez développer des qualités de travail natives et encore ignorées ?

On n'aura aucun intérêt à travailler beaucoup, puisqu'on ne sera pas sûr d'être payé lorsqu'on présentera ces bons.

On n'aura même aucun intérêt à travailler courageusement pendant le temps moyen.

En effet, puisque l'heure de travail, l'unité de travail social, s'impose à tous et fixe la rémunération, comment voulez-vous qu'un travailleur tende toute son énergie vers le travail le plus productif, puisqu'il sait, à l'avance, que quoi qu'il fasse, il ne sera ni plus ni moins payé ? C'est dans cette uniformité de taxation que réside justement le vice du système. Tel ouvrier, et nous ne parlons pas des différences de pays, de climats, de races, d'habitudes, d'idées, tel ouvrier dans un même atelier travaille plus en une heure que certains de ses camarades en une heure et demie ou deux heures. Si vous leur donnez même paie, inévitablement vous ferez l'égalité, mais en prenant pour base le travail le moins productif.

Il y aura donc deux raisons pour que le travailleur ne soit pas aussi productif qu'il pourrait l'être : parce qu'il sera payé sur le même pied que l'ouvrier le moins habile, et parce que les bons de travail, en le rémunérant ne constitueront pas pour lui une garantie suffisante ou un stimulant assez énergique.

Dans la société capitaliste, où les capitaux sont ou peuvent être à la disposition des particuliers, l'ouvrier a toujours un vague espoir de sortir de son humble condition et en effet, les exemples ne sont pas rares d'ouvriers parvenus à la fortune ; dans la société collectiviste, chacun serait placé dans une position médiocre, sans espérance d'amélioration ; tout ce qu'on pourrait souhaiter, ce serait acquérir le droit à la paresse, au bout d'un certain nombre d'années, c'est-à-dire, mettre de côté assez de bons pour subvenir aux besoins futurs jusqu'au moment où l'on abandonnerait une existence qui aurait été à l'abri de la misère, mais qui en même temps n'aurait pas présenté grand intérêt.

On voudrait supprimer la fameuse plus-value, source du capital et l'on parviendrait à peine à maintenir le capital existant ou à le renouveler.

L'ouvrier travaillerait à peu près autant et il n'apporterait ni goût ni énergie à ce travail. A quoi bon travailler dans le but d'améliorer la situation générale ? C'est trop demander à la masse : le dévouement à l'intérêt général, sans autre récompense que la satisfaction du devoir accompli, n'est que le fait de gens constituant de très rares exceptions.

Le résultat le plus palpable de la société collectiviste serait, en nous plaçant dans l'hypothèse la moins désavantageuse, de cristalliser la production, de la maintenir au niveau où la trouverait la société collectiviste et l'on devrait s'estimer fort heureux si un ralentissement, sinon un recul, ne se produisait pas dans le développement de la richesse.

Quant à l'ouvrier, sa condition étant liée à l'état général de la richesse, il ne pourrait que voir sa misère augmenter au bout d'un temps relativement court et les quelques loisirs qu'il pourrait obtenir ne lui serviraient qu'à mieux apprécier l'inutilité du changement tant désiré et enfin réalisé.

A vrai dire, au fond de tous ces changements prônés

par les collectivistes, nous trouvons la question sociale. En dehors certaines difficultés irritantes qu'on pourrait résoudre, en y mettant d'un côté un peu de patience, de l'autre côté un peu de bonne volonté et sans
qu'il soit nécessaire de bouleverser la société, on constate
plutôt la lutte de classes, dans les attaques socialistes
contre l'organisation économique appelée organisation
bourgeoise, que le véritable souci de perfectionner, d'a-
méliorer la condition des ouvriers.

Les travailleurs eux-mêmes n'ont qu'une ambition ;
devenir des bourgeois. C'est l'éternelle discussion ; pourquoi y a-t-il des gens qui possèdent et d'autres qui sont
sans ressources ? La querelle s'élève entre ceux qui ont
et ceux qui n'ont pas. Et cela est si vrai que les ouvriers
refusent toutes les concessions du patron et veulent faire
leur révolution tout seuls. C'est bien une lutte de classes et il n'y a rien de plus extraordinaire que l'empressement avec lequel une partie de la classe attaquée passe
en ce moment, avec armes et bagages, du côté de la classe
qui attaque.

Est-ce habileté, ruse, ou naïveté ? Nous ne savons.
Dans tous les cas, le calcul ou la générosité seront peu
efficaces et il faut vraiment oublier bien vite les leçons
de l'histoire pour ne pas se souvenir que les concessions
n'ont jamais désarmé l'ennemi et que les transfuges ont
toujours été ses premiers prisonniers.

Aussi les ouvriers méprisent-ils profondément ces
bourgeois qui vont à eux avec la prétention de les diriger ou de les diviser ; ils ont toujours présentes à l'esprit les paroles de Marx en 1848 « la révolution ouvrière
ne se fera que par les ouvriers ». L'antagonisme irréduc-
tible proclamé par leur maître entre le capital et le

travail est l'obstacle qui se dresse entre leurs revendications et les concessions des chefs d'industries.

Toute tentative de réconciliation entre les deux classes, la classe bourgeoise et la classe ouvrière, leur paraît une duperie, un piège tendu à leur crédulité. Pour arriver à un accommodement, il faudrait pouvoir leur prouver la bonne foi et la bonne volonté du capital envers le travail. Qui se chargera de cette démonstration ?

Une dernière ressource reste au parti bourgeois.

Améliorer suffisamment la condition de l'ouvrier, à l'aide des institutions existantes ou de nouvelles institutions et surtout au moyen d'un salaire suffisamment rémunérateur, pour l'amener à hésiter sur les aléas d'une lutte dont l'issue, même favorable pour lui, pourrait bien ne pas réaliser dans sa position une transformation aussi complète et aussi heureuse que celle qu'il aurait rêvée.

Cette augmentation de salaire ne peut qu'être souhaitée et recommandée : c'est une affaire à débattre entre patrons et ouvriers et, dans la lutte, ces derniers ont des armes au moins aussi puissantes que les patrons pour faire triompher leurs intérêts.

Il nous reste à présent à passer en revue les institutions qui s'appuient sur le salaire et aident l'ouvrier à supporter les traverses de l'existence. On a déjà fait beaucoup dans cet ordre d'idées, mais il reste encore beaucoup à faire, surtout du côté des patrons et de la société.

QUATRIÈME PARTIE

CHAPITRE PREMIER

Nous avons jusqu'à présent examiné les attaques du collectivisme contre le salaire ; c'est le côté négatif. Nous venons de considérer le côté positif : les deux côtés se valent.

Après avoir démontré, en quelque sorte, les rouages du contrat de salaire, constaté que cet instrument de rémunération pratiqué dans la société capitaliste était souple, perfectible, pouvait suivre les progrès de la productivité et de la richesse, nous avons conclu à sa supériorité et nous avons rapidement passé en revue les différentes améliorations capables de donner satisfaction aux salariés et à leurs desiderata légitimes.

Maintenant, il nous faut terminer par le tableau des garanties qu'un salaire suffisant doit permettre à l'ouvrier de s'assurer.

Un salaire suffisant, toute la question est là.

Il faut qu'un salaire suffisant permette à l'ouvrier d'assurer l'avenir.

Nous n'avons pas à citer de chiffres. Toutes ces questions sont questions d'espèce : nous nous plaçons toujours dans des conditions moyennes, écartant aussi bien le salaire très élevé et par là même assez rare, que le salaire minimum et ne nous occupant que de la masse des salaires moyens.

L'idéal serait le salaire assez rémunérateur pour permettre à l'ouvrier de laisser la femme à la maison, sans exiger d'elle dans le ménage autre chose que d'élever les enfants ; pour lui permettre aussi d'assurer sa vie et celle de sa famille contre la maladie et de pouvoir vivre sans crainte du lendemain, quand ses forces le trahiront.

De nombreuses institutions, gravitant autour du salaire, et dépendant de l'esprit d'épargne et de prévoyance, répondent à quelques-uns de ces besoins et, dans une certaine limite, assurent l'avenir de l'ouvrier.

Nous allons les étudier et en même temps nous demander si là encore, il n'y a pas quelque chose à entreprendre, et quelque chose à perfectionner.

Avant tout, il faut encourager l'esprit de prévoyance et d'épargne chez l'ouvrier, l'encourager quand il existe, au besoin, le créer quand il fait défaut.

Mais ce n'est pas au hasard qu'il faut procéder et se lancer, à l'aventure, dans des entreprises sans issue. Il faut agir avec beaucoup de prudence et ne jamais perdre de vue l'idée maîtresse présidant à la conception du but et des moyens capables d'y atteindre, car les idées même excellentes supportent toujours la responsabilité des mauvaises exécutions.

Nous rencontrerons des projets qui ont pour but de développer l'épargne et nous dirons ce qu'il faut en penser.

Occupons-nous, pour l'instant, des institutions déjà

existantes, fonctionnant depuis de longues années, et ayant à leur actif des résultats acquis.

Quand l'ouvrier apprenti entre dans l'atelier, il a deux caisses ouvertes à ses économies, la caisse d'épargne proprement dite et la caisse d'épargne postale. Cette dernière, de création récente, elle date de 1881, permet d'économiser sou par sou ; l'Administration délivre des bulletins sur lesquels on colle des timbres jusqu'à concurrence de un franc ; à partir de cette somme, la caisse d'épargne nationale postale reçoit les dépôts.

Les remboursements sont effectués sans difficultés, sur la demande de l'intéressé, sauf le cas cependant où la clause de sauvegarde est invoquée et le cas de force majeure où la banque peut être autorisée par l'Etat à ne rembourser que par acomptes et quinzaines.

Cette institution des caisses d'épargne est excellente et il est au moins superflu, aujourd'hui, d'en faire l'éloge. Pour encourager l'enfant où le jeune homme à marcher dans cette voie salutaire, on lui distribue à titre de récompense ou de stimulant des livrets de caisse d'épargne, dans les cours industriels où il va s'instruire et dans les sociétés de secours mutuels dont ses parents peuvent faire partie. Il a donc sous les yeux des exemples et surtout des résultats qui ne peuvent que le pousser à augmenter sans cesse son épargne et à pouvoir ouvrir, étant devenu ouvrier, une porte à la fortune.

Les combinaisons destinées à draîner et à faire fructifier l'épargne sont multiples.

Une des plus originales que nous ayons eues sous les yeux et qui a fonctionné en donnant des résultats a été imaginée par un industriel intelligent et actif qui l'a mise en pratique dans ses ateliers.

L'ouvrier verse 5 fr. 50 par mois, à partir de 15 ans et

avec ces 5 fr. 50, il obtient dès le premier mois un droit sur une obligation du Crédit foncier.

Le système repose sur l'achat d'une obligation à lots du Foncier. L'originalité de la combinaison est que l'ouvrier peut se libérer par versements mensuels. Au bout de 7 ans 1/2 l'obligation lui appartient, mais dès le premier mois, il court les chances de tirage.

Quant aux 50 centimes, ils représentent le versement à la caisse nationale de la vieillesse dont nous parlerons plus loin, versement qui, continué jusqu'à 22 ans, assure une rente de 70 francs à 60 ans. Avec cette combinaison, l'ouvrier travaillant et continuant ses versements jusqu'à 60 ans, obtient à cet âge 6 obligations valant 3000 francs et rapportant 90 francs, plus un livret de la caisse de la vieillesse montant au chiffre de 204 francs. Cela fait donc une rente de 300 francs ou à peu près assurée au travailleur. Il a un capital disponible de 3000 francs s'il le préfère et enfin depuis 15 ans jusqu'à 60, il a couru deux cent soixante-dix chances de tirage, c'est-à-dire qu'il a, de sa propre initiative, offert deux cent soixante-dix fois à la fortune de s'asseoir à son foyer. S'il se marie, sa femme peut l'imiter et à 60 ans, ils peuvent avoir une rente de 600 francs pour nous en tenir aux résultats assurés.

L'iniative privée enfante, on le voit, des combinaisons et des résultats étonnants, aussi est-ce de ce côté qu'il faut tourner tous les efforts en ne demandant à l'Etat, dans cet ordre d'idées, que le strict nécessaire.

L'ouvrier doit se prémunir contre les accidents, la maladie et la vieillesse.

En général, le patron assure l'ouvrier travaillant chez lui, d'une façon suivie, contre les accidents. On pourrait peut-être demander au législateur de rendre cette assu-

rance obligatoire. Cela éviterait probablement beaucoup
de procès entre patrons et ouvriers et amènerait une dé-
tente dans leurs rapports réciproques.

Contre la maladie, l'ouvrier a la ressource des Sociétés de secours mutuels. L'horreur de l'ouvrier pour
l'hôpital, horreur parfaitement légitime, l'incite à entrer
dans ces sociétés où il trouve les secours gratuits du mé-
decin et du pharmacien en cas de maladie, des funé-
railles convenables en cas de décès et enfin une certaine
indemnité pendant les jours où la maladie l'empêche de
travailler. Des livrets de caisse d'épargne sont distri-
bués aux enfants méritants dont les parents font partie de la société, et dans la mesure de ses ressources,
la société pensionne ses membres les plus âgés et distribue des secours discrets à domicile.

Les recettes de ces sociétés sont établies à l'aide de
cotisations des membres actifs, de souscriptions de membres honoraires, de legs et de donations de bienfaiteurs.

On ne saurait trop encourager ces sociétés et si l'État
croyait utile d'intervenir, il pourrait le faire à l'aide de
subventions à ces sociétés, mais sans s'immiscer dans
leur organisation ou leur gestion.

Ce que nous trouvons de particulièrement utile dans
ces institutions, c'est qu'elles récompensent la prévoyance et développent les idées de solidarité aussi bien
entre ouvriers qu'entre patrons et ouvriers.

L'ouvrier verse en moyenne 10 francs par an ; c'est
presque infime. Aussi les patrons doivent-ils intervenir
pour rétablir l'équilibre du budget : c'est un devoir pour
eux de le faire ; c'est non pas seulement un acte de charité, mais un acte de justice : peut-être pourrions-nous
aller plus loin et dire que faire des versements et de nom-

breux versements serait pour eux, dans les circonstances actuelles, un acte d'habileté.

Le grand problème n'est pas encore résolu. Les sociétés de secours mutuels interviennent en cas de maladie, de mort, de besoin extrême, mais leur rôle s'arrête là. Que va devenir l'ouvrier usé par le travail, si la mort ne vient pas le délivrer du poids de ses années et de ses infirmités ?

La société va-t-elle se désintéresser de cette force de travail qu'elle a épuisée et qui gît maintenant, inerte, incapable désormais de s'entretenir et de se renouveler?

Grave question qui depuis longtemps préoccupe et attriste les esprits !

C'est en cette matière surtout que l'État apparaît comme naturel et tout désigné. Il semble que lui seul ait les éléments nécessaires pour résoudre la difficulté et tous les regards se tournent vers lui, implorant son intervention.

Avant d'entrer dans le détail de ce qu'il a cru devoir faire jusqu'ici et de ce qu'il projette pour l'avenir, demandons à l'ouvrier si la nécessité ne lui a pas fait trouver un moyen d'abriter sa vieillesse et si ce moyen n'est pas suffisant, en principe, pour le préserver du danger qui le menace au déclin de son existence.

L'existence et le fonctionnement des caisses de retraite sont la réponse à la question que nous venons de nous poser.

Bien avant la création d'une caisse nationale de la vieillesse, l'initiative privée avait su imaginer et réaliser des institutions d'une utilité incontestable qui permettent d'assurer à leurs membres moyennant une modique redevance annuelle, une retraite sinon suffisante, au moins indispensable pour parer aux premiers besoins. En 1768, les ouvriers de la manufacture de la draperie du Dijonval (Sedan), formaient une société de secours mutuels où nous voyons les tondeurs verser cinq sols et les laineurs sept sols par mois. L'institution ne date donc pas d'hier. Depuis, bien des sociétés se sont fondées.

Nous lisons, dans une notice qui précède l'exposé de la gestion financière d'une de ces sociétés, les quelques lignes suivantes qui marquent bien le caractère de ces associations. « Les caisses de retraite sont à la portée du plus modeste ouvrier auquel elles inculquent de saines idées de travail et d'économie ; elles mettent sous les yeux de l'ouvrier économe un résultat palpable de l'esprit d'épargne, le sociétaire voit arriver avec moins de crainte le déclin de sa vie et la diminution de ses forces, en pensant qu'il ne sera pas sans ressources pour ses vieux jours ».

La société à laquelle nous empruntons ces lignes a été fondée en 1849. Elle est le type de ces caisses de retraite qui, sagement organisées, donnent des résultats et jusqu'ici elle a prospéré, développant ses opérations et étendant tous les jours, son champ d'action.

Comme son histoire est celle de toutes les caisses de retraite, nous lui empruntons ses chiffres et ses statuts. L'actif de la société est formé comme celui des sociétés de secours mutuels : 1° par les cotisations des membres actifs ; 2° par les souscriptions volontaires ; 3° par les dons et legs de bienfaiteurs.

Notre société fondée en 1849, comptait 50 membres et son avoir était de quelques milliers de francs : aujourd'hui cet actif est de 727.327 francs et le nombre de ses adhérents de 850. Elle pensionne plus de 250 membres. La cotisation annuelle est de 24 francs en moyenne par an. L'âge de la retraite est de 51 ans. Si le retraité meurt, la moitié de la pension est reversible sur la tête de la veuve ou des orphelins âgés de moins de 12 ans.

Si le sociétaire meurt avant 51 ans, le capital versé est remboursé sans intérêts à la veuve ou aux enfants.

La pension est de 124 francs de rente ; si le sociétaire le préfère, il touche un capital de 1400 francs.

La femme est aussi admise aux versements et l'on voit que celui des deux époux qui ne peut plus travailler, se constitue ainsi une sécurité appréciable.

En combinant la caisse nationale de la vieillesse et cette caisse privée, l'ouvrier arrive à 60 ans avec une rente de $204 + 124 = 328$ francs et cela grâce à un versement de 2 fr. 50 par mois, ce qui n'est pas énorme on en conviendra. En doublant la cotisation et en la portant à 5 francs, il arriverait ainsi à réaliser, sans aucune intervention de l'État, sauf en ce qui concerne la caisse nationale de la vieillesse, à réaliser à peu près 660 francs de retraite en son nom personnel ou 1320 (treize cent vingt francs) pour lui et sa femme si cette dernière a su l'imiter et épargner de son côté.

Voilà qui est fait pour encourager l'ouvrier à épargner et le patron à soutenir de ses deniers les sociétés capables d'obtenir de pareils résultats.

L'initiative privée est susceptible de créer des établissements de prévoyance ; elle a fait ses preuves, et tous les jours elle place des exemples concluants sous nos yeux. L'ouvrier seul, sans le secours de l'État, est donc capable de s'assurer une retraite honorable, à la condition de pratiquer l'épargne et de savoir prélever la somme nécessaire sur son salaire quotidien.

Nous avons fait allusion plus haut, à la Caisse nationale de la vieillesse.

Cette caisse fondée par la loi du 18 juin 1850 a le même principe que les caisses de retraite privées ; elle veut assurer à ses adhérents une pension viagère, à partir d'un certain âge qui varie entre cinquante et soixante ans et qui peut être avancé, en cas de blessures graves ou d'infirmités prématurées.

Le taux de capitalisation était de 4 $\frac{1}{2}$ % ; chiffre trop élevé, car l'État a eu, de ce chef, à supporter une perte de 33 millions, pendant l'intervalle de six années (1875-81). En 1886, une loi a reconstitué la caisse et l'intérêt est maintenant fixé, en tenant compte du taux moyen des placements de fonds en rentes sur l'État effectués par la Caisse pendant l'année précédente.

La caisse est gérée par l'administration de la Caisse des dépôts et consignations qui pourvoit aux frais de gestion.

Cette institution peut venir en aide aux caisses de retraite privées, en ce sens que les ouvriers ont la faculté d'y faire des versements qui constitueront des rentes viagères incessibles et insaisissables jusqu'à concurrence de 360 francs.

Elle peut aussi suppléer les caisses de retraite et recevoir les versements d'ouvriers isolés.

Cependant son existence n'est pas indispensable et les caisses privées suffisamment répandues, la remplaceraient avantageusement.

Nous arrivons donc à cette conclusion qu'en matière de retraite, l'intervention de l'État, d'une façon directe, n'est pas utile. En tant que subventions accordées aux caisses de retraite existant déjà, en tant qu'encouragements pécuniaires à la création de nouvelles dont le besoin se fait sentir, nous sommes heureux de voir son influence s'exercer et s'exercer d'une manière décisive.

Mais ce que nous écartons, c'est l'État assureur, l'État intervenant directement pour remplir le rôle des caisses de retraite privées.

Sous l'Empire, les caisses de retraite avaient été en but aux tentatives d'immixtion du gouvernement dans leur gestion. Celle dont nous avons déjà étudié l'organisation refusa les avantages qui pouvaient résulter de cette immixtion et préféra garder sa liberté d'action.

Dans l'exposé qui précède un de ses derniers comptes rendus nous trouvons ces quelques lignes où elle fait allusion à l'indépendance qu'elle a toujours conservée.

« L'exemple de la caisse de retraites ouvrières de Sedan prouve que sagement administrées, nos Sociétés peuvent vivre et prospérer sans subventions ni secours de l'État ».

Ce sont des représentants d'ouvriers qui parlent et dans leurs bouches, ces leçons d'économie sociale, appuyées par une expérience de quarante années prennent une autorité contre laquelle lutteraient en vain de théoriques dissertations.

Nous ne ferons qu'une remarque : sans engager leur indépendance, les Sociétés pourraient à présent recevoir des subventions gouvernementales qui leur permettraient d'augmenter la retraite de leurs associés. Mais combien nous préférons cette fierté un peu ombrageuse aux lamentations de gens inertes et sans ressort qui ne savent que gémir et implorer l'appui et l'intervention de l'État dans leurs affaires, incapables qu'ils sont par eux-mêmes de rien vouloir ou entreprendre !

La véritable solution, à notre avis, se trouve dans l'ordre d'idées où nous nous plaçons. Une raison pratique entre mille autres, fera saisir de suite, le vice d'une institution universelle, n'ayant pas ce caractère propre qui donne presqu'une personnalité, une existence à une Société particulière. Les ressources des caisses privées proviennent, on l'a vu, en grande partie de dons et legs offerts par de généreux bienfaiteurs ; croit-on que les munificences des philantrophes iraient tomber dans la caisse universelle, comme elles tombent dans la caisse particulière ? Non, la charité s'abstiendrait, n'étant pas universelle dans son essence et préférant au contraire se fixer sur des œuvres bien déterminées. Ce serait autant de perdu pour les ouvriers et perdu de toutes façons.

En effet, que le projet gouvernemental visant la création d'une caisse nationale des retraites déposé en 1891 sur le bureau des Chambres, soit adopté ou rejeté, il ne faut pas se dissimuler que dans un avenir prochain, sous une forme ou sous une autre, les contribuables auront à payer un accroissement d'impôts dont le produit ira tout droit dans les poches des ouvriers.

Si le projet d'Assurance ouvrière est adopté, nous démontrerons bientôt que les ressources destinées à la caisse seront uniquement demandées, au bout d'un certain temps, aux patrons et aux contribuables. Dans ce cas, la charité se restreindra, trouvant que ses ressources sont par trop entamées par l'impôt. Elle gardera la différence de ce qu'elle aurait pu donner et de ce que lui demandera l'impôt et cette différence sera perdue pour les ouvriers.

Si au contraire l'impôt demandé aux contribuables doit seulement alimenter un fonds de subvention destiné à venir en aide aux sociétés privées, ou à aider à leur formation, il sera, tout d'abord, bien moins lourd et, de cette façon, n'influera pas beaucoup sur le budget des personnes généreuses. D'autre part, ces personnes, en dotant les sociétés, réduiront par là même l'impôt et ce sera profit pour tout le monde ; pour les ouvriers qui auront tout ce qu'ils devaient avoir, pour les contribuables qui paieront moins et pour les bienfaiteurs qui auront le plaisir de donner à leur guise, sans y être forcés. L'impôt aura, par dessus le marché, l'avantage si recherché et si rare de suivre la fortune du contribuable, puisque les plus riches seront les plus taxés, la donation se joignant à la contribution.

Ce n'est pas tout. Le maintien et le perfectionnement du *statu quo* ont cet immense avantage de ne pas tuer l'esprit d'épargne chez l'ouvrier, comme le ferait indubitablement la certitude de toucher à un certain âge, quoiqu'il arrive, une pension viagère.

Nous touchons à un des points les plus délicats de la question et ici, nous retrouvons les réflexions suggérées par les entreprises précipitées ou mal conduites, bien qu'ayant pour origine un sentiment de bienveillance envers l'ouvrier. Certes, il ne faut pas décourager les bonnes volontés ; mais raisonnablement on ne peut approuver tous les projets quels qu'ils soient, quand bien même ceux qui les auraient conçus seraient animés du plus généreux esprit.

En ce moment où il est à la mode d'être socialiste et de s'occuper avec sollicitude des besoins et des souffrances de l'ouvrier, il est de nobles impatiences qui brûlent de résoudre, du jour au lendemain, la question sociale. Un jour, c'est la participation aux bénéfices qui doit être le grand remède ; le lendemain c'est dans les sociétés coopératives que se trouve le salut. Le troisième jour, on découvre les syndicats, le quatrième, les caisses de retraite.

Qu'on y prenne garde ! ce n'est pas avec ces enthousiasmes irréfléchis, si vite calmés ou découragés, et ces exagérations de commisération sans résultats, que l'on pourra, nous ne disons pas résoudre, mais seulement adoucir dans ses aspérités douloureuses la question sociale.

Depuis longtemps, l'ouvrier se désintéresse des efforts des bourgeois, il veut faire sa révolution tout seul, et il répudie les secours ou l'alliance de ceux qu'il considère comme ses ennemis naturels.

Nous avons déjà constaté cet esprit de méfiance et de haine de l'ouvrier vis-à-vis le patron.

L'ouvrier se défie de ce que le patron tente même dans son intérêt : aussi quand il voit les bourgeois se lancer avec une ardeur téméraire à la recherche de la solution de la fameuse question, se renferme-t-il dans un silence soupçonneux ! L'unique résultat est dans la persuasion de plus en plus profonde qu'il acquiert du bien fondé de ses revendications.

Et quand ces tentatives désordonnées demeurent inefficaces, l'ouvrier, sûr désormais de la crainte qu'il inspire, se fortifie dans la conviction que c'est à lui et à lui seul d'obtenir, même par la force, un résultat que les bourgeois sont incapables de lui assurer.

Il ne faut donc pas s'embarquer à la légère dans des projets animés peut-être du meilleur esprit, mais dont le grand tort est d'éveiller des convoitises ou, au moins, des espérances irréalisables.

La vieillesse de l'ouvrier a beaucoup préoccupé tous ceux qui s'intéressent à la condition du travailleur ; l'ouvrier lui-même aiguillonné par la nécessité s'est agité et, en attendant une intervention d'en haut, il a fait appel à son épargne et a créé les caisses de retraite. Les résultats de ces caisses sont appréciables, mais on ne peut s'empêcher de les trouver un peu faibles ; il y a donc quelque chose à faire dans le sens de leur augmentation. Ce quelque chose, il faut le demander à ceux qui peuvent le donner.

Aux ouvriers ? C'est bien difficile. Ils font à peu près ce qu'ils peuvent et l'on sait, par l'expérience des gens aisés, combien il est difficile de faire des économies, même avec de la fortune ; à plus forte raison quand le salaire ne dépasse pas de beaucoup le strict nécessaire. Le salaire, il est vrai, pourrait augmenter, mais la somme nécessaire pour arriver à une pension suffisante serait probablement toujours bien élevée. A qui faut-il demander le surplus ?

La réponse n'est pas douteuse : il faut le demander aux contribuables. Il est évident que c'est seulement en frappant les sources du revenu qu'on peut obtenir les sommes indispensables. On peut compter sur la charité, sur la générosité pour alléger dans une certaine mesure les sommes demandées à l'impôt, mais la charité et la générosité ne sont pas des dispensatrices constantes de largesses : ce sont des vertus accidentelles et de plus la source de ces revenus pourrait blesser les cerveaux de certains retraitables peu désireux de paraître entretenus grâce à la bonne volonté de leurs concitoyens, alors que la retraite leur semblerait devoir être, pour les travailleurs arrivés à un certain âge, un droit acquis.

Tout en maintenant ces sources de revenus, d'un côté les cotisations des ouvriers, de l'autre ce que pourra donner la bienfaisance, il faut trouver la somme nécessaire pour parfaire les pensions.

Cette somme sera fournie par l'impôt, par un impôt qui frappera directement les revenus.

La première idée qui pourrait venir à l'esprit, serait de faire payer exclusivement aux patrons cet impôt : mais deux raisons font écarter cette solution. La première est la difficulté d'asseoir la taxe : peut-être pourrait-on le faire en augmentant la patente, mais ce serait un énorme travail, entraînant de criantes inégalités. La seconde raison est que constituer la retraite des travailleurs est un devoir social résultant de l'organisation économique que subissent forcément ouvriers et patrons, et que ce devoir doit être rempli par tous les membres de la société qui jouissent de cette organisation.

Ce sera donc un impôt frappant les sources de revenus ou une source de revenu : on porterait, par exemple, l'impôt sur le revenu de 4 à 6 ou 7 0/0.

Les avantages de ce système sont nombreux.

Le plus grand est dans le maintien, et dans certaines circonstances, dans la naissance de l'esprit d'épargne chez l'ouvrier.

L'impôt ici n'est qu'accessoire. Exemple :

Grâce aux caisses, l'ouvrier s'assure une pension de 200 francs. L'État pourra laporter à 600, en demandant 400 francs à l'impôt.

L'ouvrier touchera à un âge déterminé 600 francs, mais dans ces 600 francs, les économies seront représentées par 200 francs.

Il faut que l'impôt soit calculé de façon à ne pouvoir constituer à lui seul une pension suffisante, mais à aider à la constitution de cette pension.

Plus l'ouvrier économisera, plus la retraite formée par les deux sommes cumulées s'élèvera ; mais s'il n'épargne rien, la subvention lui sera insuffisante pour vivre.

On objectera que les ouvriers qui ont un salaire élevé auront plus de facilité que les autres d'épargner et qu'il n'y aura pas d'égalité. C'est évident. L'égalité existe-t-elle dans les salaires ? non ; pourquoi voudrait-on qu'elle existât dans la retraite ?

D'ailleurs, l'expérience montre que ce ne sont pas les ouvriers qui touchent les plus gros salaires qui sont les plus économes.

Tout système présente des inconvénients ; il faut choisir celui qui en présente le moins. Et celui-ci a l'avantage énorme, nous le répétons, de ne pas tuer l'esprit d'épargne chez l'ouvrier.

Comment sera distribué l'argent de l'impôt ?

Au moyen de subventions aux caisses de retraite déjà existantes.

Ces caisses ont un fonctionnement excellent : les résultats seuls sont un peu maigres.

On augmentera ces résultats. Pourquoi changer l'instrument dont on est satisfait ? Ce ne serait pas raisonnable ; est-on sûr des effets produits par un nouvel organisme.

Maintenir dans son principe l'état de choses actuel et l'améliorer dans une mesure convenable, en augmentant le montant des retraites, voilà ce qui nous parait tout indiqué.

Le projet ainsi conçu entretient et stimule l'esprit d'épargne chez l'ouvrier et il réalise un progrès jugé par tous nécessaire, en faisant supporter les charges pécuniaires qui en résulteront par les personnes intéressées à la conservation de la société et de son organisation actuelle dont elles sont les premières à bénéficier.

Trouvons-nous tous ces avantages réunis dans le projet ministériel déposé en 1891, sur le bureau des Chambres ? Dans l'esprit de ses auteurs, disons-le de suite, il n'y a pas à proprement parler, de projet ferme : la solution présentée ne l'est pas d'une façon définitive et le dépôt du projet a plus pour but, de provoquer la discussion d'où, on l'espère, jaillira la lumière, que de vouloir imposer, d'une façon nette, un plan, une organisation toute préparée.

Le principe du projet a été clairement indiqué : nous le trouvons rapporté dans le compte-rendu d'une entrevue de M. le ministre de l'intérieur avec la commission parlementaire du travail. « Le projet a pour but principal d'encourager l'initiative individuelle, de stimuler l'effort de l'ouvrier et de développer dans une large mesure la création de nouvelles sociétés de secours mutuels, de coopération, de retraites, d'associations patronales, de syndicats professionnels, de groupes corporatifs. C'est dans cette pensée que le projet accorde une situation de faveur faite par l'intermédiaire de ces sociétés. »

Ces idées concordent absolument avec celles que nous avons développées plus haut et nous comprenons que le gouvernement veuille encourager, la création de caisses de retraite privées, de sociétés de secours mutuels. Nous comprenons moins, en quoi la caisse sera utile au développement des associations patronales, des groupes corporatifs, etc. Mais cette restriction a peu d'importance.

Le projet accorde des faveurs spéciales aux sociétés déjà organisées. Ainsi quand il s'agit d'assurances au décès, l'État paie le tiers des primes en cas de versement direct, et la moitié quand le versement a lieu par l'intermédiaire d'une société. Et M. le ministre ajoute : « Ces sociétés auront donc intérêt, pour accroître le nombre de leurs adhérents, à prendre en main l'œuvre des retraites, au lieu de s'en remettre à l'Etat du soin exclusif de l'utilisation de leurs fonds ; et, dans cette situation, on ne voit pas pourquoi ces différentes collectivités ne feraient pas leurs affaires elles-mêmes, sous réserve des conditions à fixer. »

En effet, nous ne voyons pas pourquoi les collectivités s'en remettraient à l'Etat du soin de faire leurs affaires, alors qu'il est plus que probable qu'elles-mêmes s'en tireraient beaucoup mieux que lui !

Ce que nous ne voyons pas davantage, c'est l'utilité de la caisse qu'on veut créer.

Si les caisses particulières offrent plus d'avantages, pourquoi les intéressés iraient-ils trouver la caisse de de l'État ? Pourquoi ne pas dire tout simplement en employant la forme des subventions que nous recommandions, pourquoi ne pas dire que les ouvriers associés auront des avantages particuliers et que l'État interviendra pour aider de ses deniers, leurs sociétés ?

Ce ne serait pas bien compliqué et l'on s'éviterait une foule d'ennuis et une cause de grandes dépenses. A quoi bon, de coûteux intermédiaires qui dans la réalité, n'auraient pas grand travail, puisque par la force des choses, la caisse nationale se verrait préférer les caisses particulières ?

On créerait ainsi d'inutiles parasites : le besoin s'en fait-il sentir ?

En dehors de ces considérations qui visent surtout la simplification dans le mécanisme du projet, que trouvons-nous, si nous abordons le principe ?

Nous retrouvons l'idée bien des fois développée, d'assurer une vieillesse paisible au travailleur, réalisée d'une façon particulière.

Pendant trente ans, on retiendra à l'ouvrier, cinq ou dix centimes par jour ; cette somme jointe à une somme égale versée par le patron formera le tiers du capital destiné à fournir la retraite : les deux autres tiers seront versés par l'Etat.

La retraite est constituée par l'ouvrier, le patron et l'État, dans le projet.

En sera-t-il, ainsi, dans la réalité ?

Nous ne le croyons pas. Ce qu'on demande à l'ouvrier c'est tantôt 1 fr. 50, tantôt 3 francs. Croit-on qu'au bout d'un temps très court, il n'aura pas trouvé le moyen de faire retomber cette charge sur le patron ?

Il est si facile de se mettre en grève et c'est si peu pour le patron d'accorder, cinq ou dix centimes de plus par jour ! Ce patron en a vu bien d'autres et il ne fera pas longue résistance. En définitive, les patrons supporteront la part de l'ouvrier. Et ainsi ils paieront trois fois, pour l'ouvrier, pour le patron et pour le contribuable.

Pourquoi ne pas les imposer directement ?

Mais que devient alors, le principe du projet, développer l'esprit d'épargne ?

Reconnaissons de bonne foi qu'on l'a complètement perdu de vue.

Veut-on assurer, quoi qu'il arrive, que l'ouvrier fasse ou non des économies, une retraite au travailleur, à partir d'un certain âge ? C'est parfait, mais qu'on ne prétexte plus le besoin d'encourager l'épargne ? La mesure prise peut être excellente à d'autres points de vue, non à celui-là.

Il est assez d'autres motifs pour la justifier : nécessité pour la société d'assurer au travailleur, une retraite, un abri sur ses vieux jours ; voilà une raison. Elle se rapproche bien du collectivisme, en ce sens qu'elle est générale et ne distingue pas entre les différentes sortes de travailleurs, mais enfin c'est une raison.

Le projet porte encore que les ouvriers qui justifieront d'un revenu moindre de 600 francs, verront compléter par l'État cette somme de 600 francs. L'ouvrier économe a obtenu 450 francs de retraite, au moyen de versements périodiques. L'État le félicitera de cet excellent esprit d'épargne et ajoutera 150 francs. L'ouvrier dissipateur qui n'a rien mis de côté touchera également de son côté les 600 francs de retraite : nous supposons, bien entendu, que dans les deux cas, les ouvriers ont vu retenir les cinq ou dix centimes sur leur salaire journalier. Il arrivera ainsi que l'ouvrier économe qui aura mis de l'argent de côté en dehors du prélèvement journalier, n'aura droit qu'à la différence qui sépare des 600 francs ce qu'il aura pu économiser. L'autre ouvrier qui aura versé ses cinq ou dix centimes et nous avons montré plus haut qu'en réalité, il ne verserait rien, l'autre ouvrier touchera au bout de ces trente ans les 600 francs comme son camarade, avec cette différence qu'il aura consciencieusement dépensé les sommes économisées par ledit camarade.

C'est, on l'avouera, une singulière façon d'encourager l'épargne.

Toutes ces anomalies proviennent ou proviendraient de l'existence d'une caisse nationale donnant aux ouvriers la certitude de toucher une pension viagère.

Le vice de l'institution est dans cette certitude. Il faut que l'ouvrier ait la certitude de pouvoir s'assurer une retraite, mais en étant bien persuadé que son épargne et son épargne réelle seront nécessaires pour constituer une retraite suffisante, en dehors des sommes versées par l'État. Quand il saura que l'État en augmentant son épargne lui permettra de vivre à l'abri du besoin, mais que sans son épargne, l'intervention de l'État sera tout à fait insuffisante, il sera poussé à épargner ; autrement, non, surtout s'il arrive à se rendre compte comme dans le système de la caisse nationale, qu'il ferait un métier de dupe, en mettant de l'argent de côté.

Indépendamment de ces objections au projet d'une caisse nationale, on peut présenter quelques observations sur la somme nécessaire pour parer aux soldes de retraites. Cette somme serait de 16 milliards, dit M. le Ministre. Des économistes réputés doublent le chiffre. Qui a raison ?

En ces matières, il y a toujours nécessairement une part d'arbitraire dans les évaluations. Mais ici, il semble qu'il y ait vraiment trop d'inconnues dans le problème.

Avant de se lancer dans une pareille entreprise, il serait bon d'avoir quelque chose de plus précis. Les retraites, au point culminant de la courbe, exigeront-elles une annuité de 100 millions, ou d'un milliard, la question vaut la peine d'être éclaircie.

Le projet demande donc à être étudié et très étudié.

Nous avons donné notre avis sur le projet de création d'une caisse nationale des retraites et nous avons signalé les inconvénients qui y sont attachés.

Nous croyons que ce n'est pas en s'engageant dans cette voie qu'on trouvera la solution.

Un impôt avec destination spéciale des fonds perçus ou simplement, une augmentation portant sur des impôts déjà existants et destinée à couvrir annuellement les subventions données par l'État, telle est, à notre sentiment, la façon la moins onéreuse et la plus utile de résoudre le problème.

L'État se déchargerait ainsi, de la gestion difficultueuse et compliquée d'une caisse générale : l'impôt suivrait exactement les demandes faites, chaque année, par les caisses de retraite privées, pour parer à la liquidation des retraites arrivées à terme : enfin le *quantum* ajouté n'étant pas suffisant pour assurer une retraite honorable, si les économies de l'ouvrier ne venaient pas contribuer à la constituer, l'esprit de prévoyance ne serait pas tué chez le travailleur : bien au contraire, étant désormais sûr d'un minimum, il tendrait toute son énergie vers l'épargne et arriverait à se former un capital exigible ou une rente viagère répondant largement à ses besoins.

Somme toute, sous une forme ou sous une autre, le contribuable est appelé à voir augmenter les charges qu'il supporte. On peut s'élever contre cette augmentation et donner des arguments plus ou moins sérieux pour démontrer que les choses devraient rester en état : pour notre part, nous ne croyons pas au maintien possible de *statu quo*.

Il est incontestable qu'avec les salaires actuels et les institutions de prévoyance qui recueillent l'épargne, la retraite que peut s'assurer un ouvrier économe et laborieux est insuffisante. Nous ne voyons que deux moyens de remédier à cet état de choses. Élever les salaires ou venir directement en aide à l'ouvrier. Le second moyen nous semble de beaucoup préférable et en réalité, il est le seul praticable.

L'élévation considérable des salaires dans l'état actuel de l'industrie ne nous semble pas probable ; il faudrait un immense développement de la productivité qui, peut-être aura lieu, car on ne peut jamais être très affirmatif en ces matières, mais qui, selon toutes les apparences, n'est pas très rapproché de nous.

Les grandes découvertes, le renouvellement de l'outillage, la création de la grande industrie, les grands travaux publics, toutes ces causes d'une grande productivité appartiennent au passé. A moins de circonstances exceptionnelles, nous ne croyons pas trop à une élévation marquée des salaires d'ici à un certain nombre d'années.

Compter sur cette élévation est donc un peu illusoire ; à la supposer même, il faudrait aussi espérer que les épargnes faites par le travailleur suivraient le développement de son salaire. C'est beaucoup demander.

Certes, à considérer des hommes parfaits, des travailleurs sans défaillances, des êtres prévoyants ayant sans cesse l'œil fixé sur l'avenir, soucieux de préserver leur vieillesse et celle de leur famille des atteintes de la maladie et de la vieillesse, à considérer des types de prudence et de sagesse, on pourrait se rassurer et penser que l'ingéniosité de leur esprit et l'excellence de leurs sentiments sauraient les mettre à l'abri de la misère et du besoin.

Mais, quand on s'adresse à toute une classe ouvrière, on ne peut avoir la prétention de rencontrer l'idéal dans chaque ouvrier et escompter au profit de la masse, les résultats obtenus par une sage minorité.

. Aussi, les salaires s'élevant même dans une forte proportion, n'y aurait-il certainement pas, une élévation correspondante de dépôts dans les caisses de retraite.

. Ces deux raisons, la hausse peu probable des salaires et la difficulté d'obtenir une forte épargne, nous font écarter le premier moyen de remédier à l'insuffisance du taux des retraites.

Il ne nous reste qu'à user du second et à demander a ceux qui sont capables de payer, de venir en aide à ceux qui, moins fortunés, ont déjà bien de la peine à assurer à leurs vieux jours, un morceau de pain.

Comment on mettra à contribution ceux qui sont capables de payer, telle est la difficulté. La nécessité d'intervenir ne fait de doute pour personne : la manière d'intervenir seule arrête et jusqu'ici rend inefficaces les bonnes intentions. On connaît notre sentiment sur la manière dont nous voudrions voir résoudre le problème : nous n'y reviendrons pas et nous n'insisterons pas plus longtemps sur cette question.

*
* *

Il nous reste à étudier rapidement l'organisation des sociétés de coopération, malheureusement trop rares en France, au moins entre ouvriers.

La loi de 1884 en organisant les syndicats a préparé les moules des sociétés de corporations. Il y a là un groupement tout naturel qui peut réaliser entre ses membres l'union nécessaire aux Coopératives.

Nous ne traiterons ici, que des Coopératives de consommation car elles seules se rattachent à l'amélioration de la condition ouvrière, en prenant pour base le salariat. Nous avons déjà dit quelques mots des sociétés de production et montré leur peu de réussite, dû aux difficultés qui entravent leur développement. Nous n'y reviendrons pas et nous laisserons aussi de côté, les sociétés coopératives de crédit, qui supposent l'association d'ouvriers mais dans un but tout différent de celui que nous poursuivons.

Les sociétés de consommation ont un double avantage. Elles offrent à leurs membres des consommations saines et font sur les achats des bénéfices répartis à la fin de l'exercice financier, entre les associés.

Il est inutile de rappeler l'histoire des pionniers de Rochdale, ces ouvriers qui commencèrent avec un très petit capital et parvinrent à une grande fortune, grâce à l'association. Tout le monde sait que l'idée des sociétés de consommation est une idée française qui, sembla-

ble à beaucoup d'autres, n'a d'abord eu de succès qu'à
l'étranger. Elle nous revient à présent, frappée de l'estampille anglaise et cependant malgré cette raison qui
causerait le succès d'autres objets ou d'autres idées
d'exportation, elle n'a pas encore réussi auprès de nous.

Le mouvement cependant, il serait injuste de le méconnaître, prend, de jour en jour, plus d'extension, et
dans la classe bourgeoise principalement, la coopération
compte d'assez nombreux adhérents. Dans la classe ouvrière, il est plus difficile de faire pénétrer l'idée.

A cela, il y a plusieurs raisons.

Quelques sociétés de consommation ont été fondées
par les patrons dans leurs usines. Ces derniers passaient
des marchés avec leurs fournisseurs et obtenaient d'im-
portantes réductions dont ils faisaient bénéficier l'ouvrier. Mais là encore, cet esprit de basse défiance qu'on
s'étonne de rencontrer dans l'esprit de l'ouvrier a trouvé
le moyen de décourager la bonne volonté patronale. Certains ouvriers, malgré les résultats éclatants de la coopération préféraient passer leurs marchés eux-mêmes
et payer beaucoup plus cher les marchandises qui leur
étaient nécessaires. Pourquoi agissaient-ils de la sorte?
Par suite de cette méfiance invétérée contre le patron
qui leur fait croire que celui-ci agit toujours dans son
propre intérêt et que s'il entreprend quelque chose, c'est
qu'il y a à gagner sur ceux qui font partie de l'entreprise. Leurs discours, leurs insinuations perfides ébran-
laient les camarades associés et il arrivait un moment où
le patron, indigné de ces soupçons, liquidait la situation
et laissait les ouvriers s'arranger entre eux.

Mais alors apparaissaient les véritables difficultés.

Un ordre extrême, une comptabilité parfaite sont indispensables dans la gestion de ces sociétés. Les écono-

mies réalisées en traitant directement avec les fournisseurs et en supprimant les intermédiaires, seraient
autrement bien vite perdues et il se pourrait même que
la société se trouvât rapidement en perte.

Aux qualités d'ordre, de rectitude dans les paiements,
il faut ajouter, une grande honnêteté et une parfaite surveillance de la part des administrateurs de la société.

Enfin la coopérative ne peut prendre une grande importance que si elle ouvre ses magasins au public ou si elle
a un très grand nombre de membres.

On connaît le système en vigueur dans ces sociétés.
L'ouvrier achète, au comptant, ce qui est une excellente
habitude, mais une cause de difficultés, car si l'achat au
comptant développe les idées d'ordre et d'épargne, il nécessite aussi des ressources toujours prêtes, ce qui n'est
pas le plus souvent le cas de l'ouvrier. Les économies
ou plutôt les bénéfices réalisés entre le prix de vente
et le prix d'achat sont répartis au prorata des achats, à
la fin de l'année.

Dans quelques sociétés, et il serait bon que le fait se
généralisât, les sommes ainsi distribuées sont de suite
inscrites sur un livret de caisse des retraites ou de caisse
d'épargne. C'est une mesure excellente, car elle met à
l'abri, et place une somme qui, bien souvent eût été tout
droit garnir la caisse des marchands de boissons.

Une réforme simple aussi et bien facile serait de faire
participer les communes, par une intervention directe
avec les fournisseurs, à un progrès dans cet ordre d'i-
dées. Il arrive souvent que les sociétés de consommation, bien conduites, font tort au commerce d'une localité.
Certaines personnes pourront trouver que cette concurrence est de bon aloi et nous ne sommes pas loin d'être
de leur avis. Mais il existe un moyen et de ne pas rui-

ner le commerce local et de décharger la coopérative et surtout les coopératives d'ouvriers, du fardeau de leur société.

Cette mesure consisterait simplement dans l'intervention de la commune auprès des fournisseurs, à qui elle demanderait de vouloir bien consentir une réduction de tant 0/0 sur les prix de leurs marchandises.

Les commerçants, heureux de se voir délivrer d'une concurrence gênante, ne demanderaient pas mieux que de souscrire à ces conditions et mettraient leurs produits à la disposition des acheteurs de la ville ou de la commune, avec une réduction dans leurs tarifs.

Les ouvriers, dont les frais de gestion diminuent les bénéfices, quand ils sont en société, ne verraient pas, d'une façon sensible, baisser les bénéfices légitimement espérés dans une société bien conduite et ils seraient débarrassés des soucis d'une administration souvent fort délicate. A cette combinaison, commerçants et ouvriers trouveraient leur compte : on peut objecter que les bénéfices réalisés directement dans l'achat de marchandises vendues à meilleur marché n'auraient pas la même valeur au point de vue de l'épargne que si les marchandises étaient vendues aux anciens prix et que la différence fût distribuée, sous forme de dividendes à la fin de l'année. C'est vrai ; mais le remède est simple. Les concessions étant obtenues par la ville, les commerçants pourraient continuer à vendre aux anciens prix en donnant des factures aux acheteurs, puis, sur la présentation de ces factures par la ville, déduiraient les sommes versées du 0/0 accordé. A la fin du mois, les ouvriers viendraient toucher directement de la ville les remboursements auxquels ils auraient droit, comme ils les au-

raient perçus dans leur société : seulement, ici ce serait
la ville qui remplacerait la coopérative.

On pourrait même apporter des perfectionnements à
ce système ; toutefois, le maniement en deviendrait plus
compliqué. La ville, en distribuant des tickets représentant des coupures de 1, 2, 3, 5 francs permettrait à
l'ouvrier privé d'argent momentanément, d'acheter au
comptant chez les fournisseurs, au moyen de ces tickets
garantis par son estampille et lors de la paie, les ouvriers se verraient retenir le montant des tickets. — On
éviterait ainsi les inconvénients de l'achat à crédit.

On peut imaginer une foule de combinaisons de ce
genre : leur principe est d'augmenter, grâce aux effets de
l'association, la puissance d'achat du salaire.

Dans l'état actuel de la production est-il permis d'espérer davantage ? peut-on avoir l'espoir, par exemple, de
garantir à chaque individu, un certain capital, à un
âge déterminé, capital qui lui permettrait à lui ou à ses
enfants d'entreprendre et de réussir ?

En dehors des assurances qui offrent un capital au
décès de l'assuré ou des assurances mixtes qui l'accor-
dent à un certain âge, en dehors aussi des assurances
contre la vieillesse qui permettent de toucher une rente
viagère ou un capital à un âge déterminé, capital qui
n'est jamais très gros, nous ne voyons pas la réalisation
possible de ce desideratum.

Il existe bien des moyens qui permettent à l'ouvrier
de tenter la fortune, en achetant des obligations à lots,
à termes mensuels assez bas pour pouvoir être payés, à
l'aide d'économies réalisées sur le salaire.

Mais ce n'est qu'une chance courue et qui heureuse
pour un ouvrier sur des milliers d'espoirs déçus, ne répond pas d'une façon satisfaisante à la question.

Toutes ces combinaisons ont d'ailleurs un grave défaut, elles demandent beaucoup d'argent, beaucoup trop pour l'ouvrier et des versements trop ponctuels.

Dans l'état actuel de la société, il nous paraît donc bien difficile d'arriver au résultat cherché : il est incontestable qu'à certains moments dans la vie, chacun se sentirait singulièrement soutenu, s'il pouvait disposer d'un certain capital : mais dans cet ordre d'idées, on pourrait aller fort loin et nous croyons bien qu'ici les souhaits et les regrets sont plus de mise que les plaintes ou les revendications, d'autant plus que la société n'empêche pas d'une façon absolue les déshérités de la fortune de parvenir à ce qu'on appelle vulgairement se faire une position.

Il n'est personne qui ne puisse citer, dans son entourage, des hommes arrivés à la fortune, après des débuts plus que modestes, grâce à leur énergie et leur travail. Leur exemple montre que tout homme courageux peut, en s'aidant, soit des événements, soit simplement des éléments placés sous sa main, sortir de la mauvaise fortune ou de la condition humble où les hasards de l'existence l'avaient fait naître ou l'avaient réduit.

C'est un enseignement pour les natures peu énergiques qui préfèrent demander plutôt que d'agir et attendent moins d'eux-mêmes que des autres. Ces quelques réflexions nous amènent tout naturellement à la conclusion de cette étude.

*
* *

Nous avions à nous demander ce que valaient les attaques du collectivisme contre la société capitalistique.

Le collectivisme, à l'heure actuelle, est la seule école socialiste qui ait un corps de doctrines, une théorie. Cette théorie, nous le savons maintenant, est une théorie toute de critique et de négation et à la place de l'édifice économique qu'elle propose d'abattre, nous ne trouvons aucun élément sérieux de reconstitution d'une société mieux organisée.

Cette absence de doctrines positives aurait pu nous dispenser d'étudier la partie négative du nouveau socialisme. En effet, il est au moins peu sérieux de la part de gens qui exposent d'une façon aussi abstraite et avec des prétentions scientifiques aussi prononcées que celle du docteur du parti, Karl Marx, il est au moins peu sérieux de ne pas indiquer dans les grandes lignes ce que sera l'organisation économique fondée sur les vrais, les seuls principes.

La critique est, dans ces conditions, sinon inutile, tout au moins intempestive.

Car si nous comprenons un homme qui vient nous dire : « Votre maison ne vaut rien, pour telle et telle raison et il vous faut la quitter au plus vite » et qui nous ajoute aussitôt : « Voici une autre maison qui est bien construite et fera votre affaire », si nous comprenons cette manière de raisonner, nous ne sommes plus du tout dans les mêmes dispositions d'esprit, quand après avoir entendu les arguments militant plus ou moins en faveur de l'abandon de notre domicile actuel, nous ne voyons pas notre charitable donneur de bons conseils, nous indiquer un autre logis.

Dans ce cas nous préférons réparer tant bien que mal notre abri : et nous avons raison.

En attendant le nouveau concept des collectivistes, nous pourrions donc nous dispenser d'écouter leurs raisonnements.

Mais en ce faisant, nous aurions tort. Dans toute critique, on trouve, en général, même quand elle est faite de mauvaise foi, un grain de vérité. Ce grain, il s'agit de le dégager des observations faites à contre-sens ou des calomnies intéressées et d'en faire son profit. De plus, des assertions même fausses ne doivent pas rester sans réponse. C'est en démasquant l'auteur, en l'embarrassant dans ses propres contradictions, en montrant la futilité de ses arguments et l'inanité de sa doctrine qu'on peut espérer réduire à néant l'effet de ses propositions.

Karl Marx est de ces auteurs qu'on ne doit pas se contenter de dédaigner, sans s'attacher à les combattre.

De toutes ses théories imprégnées du lourd esprit que revêt la plaisanterie allemande et enveloppées de cette obscurité chère aux docteurs de la Germanie, il se dégage un axiome accepté d'emblée, sans discussion par les travailleurs : « le patron vole l'ouvrier ».

Cet axiome, on le répète, on le répand et on le commente. Il n'y a certainement pas un ouvrier sur mille qui soit capable de rétablir la série des raisonnements marxistes aboutissant à cette étonnante conclusion. Mais de cela, pas un ne se met en peine. L'ouvrier trouve une phrase qui lui plaît, parce qu'elle le pose en victime et il ne retient que l'idée qu'elle renferme sans se préoccuper autrement de vérifier sa justesse. Certains exemples habilement choisis viennent donner un semblant et malheureusement quelquefois plus qu'un semblant de raison à l'aphorisme et la conviction se fait inébranlable dans des cervelles trop bien disposées à l'accueillir sans la contrôler. En France, principalement, l'ouvrier croit volontiers ce qui flatte ses passions et les idées socialistes ayant encore moins de précision dans leur objet que dans tout autre pays, vont beaucoup plus vite et beaucoup plus loin.

La réfutation de Marx même faite d'évidente façon, ne les arrêterait pas en si beau chemin et ils n'en sont pas à s'embarrasser des doctrines d'un savant. Ils ne retiennent de ce fatras d'idées qu'on remue autour d'eux, qu'un vague sentiment de la situation et qu'une notion confuse des revendications possibles et légitimes.

Pour eux, la critique du collectivisme dont l'immense majorité ignore peut-être l'existence, a peu d'importance d'une manière directe.

Ce n'est, qu'incidemment, par la répercussion naturelle des idées qu'ils pourront en subir l'influence.

Si les ouvriers retirent peu de fruit des ouvrages où le collectivisme est pris à partie, il peut en être autrement, si ces ouvrages tombent entre les mains de personnes socialistes non par profession, mais socialistes de bonne foi et mues par un sentiment philanthropique, généreux mais peu éclairé.

Quant aux socialistes par mode, il n'y a pas à s'en occuper : on ne peut que déplorer l'importance exagérée qu'ils donnent au socialisme en y consacrant une ardeur inconsidérée, mais ce que la mode a apporté, la mode l'emportera et du jour au lendemain ces pseudo-socialistes se réveilleront, à nouveau, bourgeois.

Le danger réside plutôt dans l'entraînement que subit une certaine partie de la classe libérale, en face des doctrines socialistes. Cette classe libérale nous rappelle de bien près la classe de la noblesse applaudissant aux tirades de Beaumarchais et jouant de la Révolution avec une insouciance de grands seigneurs.

C'est un passe-temps dangereux que de réveiller et d'exciter ce que nos aïeux eussent appelé « le lion populaire ».

Le peuple peut avoir raison dans ses revendications : il faut alors lui donner satisfaction, sans trop le faire attendre et surtout sans trop lui dire qu'il a raison.

Le péril est, dans ces encouragements souvent désin-
téressés, nous le voulons bien, mais singulièrement
naïfs et exagérés, que la classe ouvrière rencontre auprès
de certains esprits.

Le vieux dicton revient invinciblement à la mémoire
en présence de ces démonstrations de bienveillance at-
tendrie que les ouvriers sont les premiers à railler, tout
en en profitant : « Oignez vilain, il vous poindra ;
poignez vilain, il vous oindra ». Oindre le vilain est
une besogne qu'il faut laisser aux politiciens : les gens
épris d'un véritable amour du peuple doivent avoir pour
lui une tendresse plus sévère et employer toute leur
énergie à la réalisation des réformes légitimes et possibles qui devront améliorer sa condition.

Un des premiers soucis des amis de la classe ouvrière
doit être d'essayer d'extirper des cerveaux des ouvriers
les notions fausses et les idées préconçues qui y sont
logées et empêchent tout progrès, en éveillant la méfiance
et la rancune des travailleurs et en paralysant les intentions excellentes des patrons. L'aphorisme de Marx « le
patron vole l'ouvrier » est une de ces idées funestes, facilement retenues et difficilement combattues.

Il importe donc pour pouvoir la réfuter, d'être fixé sur
la manière dont son auteur est arrivé à l'établir.

Nous connaissons la route tortueuse que Marx nous
a fait suivre et qui aboutit, grâce à des oublis extraordinaires ou à des propositions reconnues erronnées, à la
conclusion que le capital naît de la plus-value et que la
plus-value résulte du travail non payé.

Marx reconnaît bien un petit capital primordial nécessaire, ce qui suffirait à ruiner sa théorie sur la naissance du capital, mais il prétend que ce dernier provient
pour la plus grande partie de l'exploitation du travail-

leur par le capitaliste. De là, des malédictions contre le capital représenté par le patron, contre le salaire qui cache l'exploitation patronale et contre la société capitalistique qui permet de pareilles abominations.

Nous avons fait justice de toutes ces assertions.

Nous avons d'abord représenté le capital comme le fruit de l'épargne et antérieur à la circulation des marchandises.

Nous avons ensuite montré que le capital, quand il s'accroissait, prenait son accroissement dans le bénéfice réalisé lors de la vente du produit.

Que ce bénéfice était la juste rémunération de la peine prise par le producteur et évitée à l'acheteur.

Quant au bénéfice réalisé par le patron, en ne payant pas au travailleur tout ce qu'il lui doit, nous l'avons, en général, écarté, parce que, s'il existe dans quelques hypothèses de plus en plus rares, dans le plus grand nombre des cas, il n'est pas suffisant pour constituer un bénéfice appréciable ou même est complètement absent.

Les raisonnements théoriques se sont vu appuyer par l'expérience et la hausse des salaires depuis une cinquantaine d'années a donné pratiquement le meilleur démenti à la première proposition de Marx sur l'impossibilité d'une élévation sérieuse des prix de rémunération.

Quant à la seconde proposition qui veut faire coïncider la valeur de la force de travail de l'ouvrier, avec la valeur du produit, déduction faite de la valeur des matières premières, elle a été encore plus facilement démontrée fausse et surtout invraisemblable. Marx n'a voulu voir que le travail de l'ouvrier dans le produit et a considéré comme quantité négligeable, le travail du patron, du chef de l'industrie. Ici, l'oubli est tellement étonnant qu'on se demande si le raisonnement émane d'un esprit conscient et de bonne foi. La réfutation, en établissant que le produit vendu est le résultat de la collaboration de l'ouvrier et du patron, montre, en même temps, combien il est difficile de déterminer exactement la part de chacun dans la confection du produit.

Nous avons constaté enfin que le salaire doit répondre à une moyenne de besoins différant, suivant les climats, les tempéraments, et les idées reçues. La productivité du travail tend à faire dépasser cette moyenne, l'offre de travail à l'y ramener. Ce dernier facteur cependant aura de moins en moins d'influence, grâce à l'organisation des syndicats.

Les nouvelles associations ouvrières nous sont apparues comme l'arme la plus puissante, mise à la disposition de l'ouvrier.

Grâce à elles, aux centres d'action qu'elles créent, de notables améliorations peuvent être apportées dans la condition de l'ouvrier. Les caisses de retraite, les sociétés de secours mutuels, les sociétés de consommation, en se multipliant, garantissent l'ouvrier contre la maladie, la vieillesse, et lui permettent de se nourrir sainement et relativement, à bon marché. Tous ces perfectionnements ne nécessitent pas le bouleversement de la société économique : ils naissent, grâce à l'initiative privée, en respectant la liberté individuelle, bien inestimable que ne garantit pas l'organisation de la société collectiviste.

Dès à présent, la conclusion s'impose.

Le salaire est un mode de rémunération, souple et variable, pouvant suivre les progrès de la productivité et de la richesse : il ne mérite pas l'anathème du collectivisme, puisqu'il n'est pas l'instrument d'une exploitation odieuse de l'ouvrier par le patron. Il s'impose donc à notre société capitaliste, comme il s'imposerait à toute autre société économique, car il est dans la nature des choses.

Ce qu'on nous propose, en son lieu et place, est trop peu encourageant et trop peu précis, pour que l'aventure vaille la peine d'être tentée. Pourquoi d'ailleurs, changer, si le changement ne doit pas se faire dans le sens du progrès, de la marche en avant? Or ce n'est pas cette conviction d'un progrès, que nous avons puisée dans l'étude de ce que pourrait être la société collectiviste.

Il convient donc, de garder et de perfectionner, ce que nous possédons. Les considérations scientifiques sur la nature et le rôle du salaire nous y engagent et, en outre, le bon sens nous recommande cette solution, en nous montrant le peu de fondement d'une théorie qui propose de détruire ce qui est, sans se préoccuper de savoir par quoi elle le remplacera.

Nous ne pouvons mieux terminer qu'en invoquant cet argument propre plus que tout autre à toucher les esprits non prévenus, car il renferme une objection surtout pratique et c'est lui que nous opposons, en dernière analyse, aux prétentions des réformateurs zélés mais imprévoyants du Collectivisme.

POSITIONS

Positions en Droit romain.

I. — Ce n'est pas le caractère des professions libérales qui empêche leurs titulaires de contracter les obligations naissant du louage de services.

II. — Dans la *locatio operis*, le risque est pour le *locator*.

III. — Dans les créances à terme, l'échéance n'emporte pas la mise en demeure du débiteur.

IV. — Dans la stipulation de peine, le débiteur qui n'exécute pas l'obligation principale, n'encourt la peine que s'il est en faute.

V. — L'obligation du fidéjusseur est nulle, si elle excède celle du débiteur principal.

VI. — Le seul consentement est insuffisant pour la formation du mariage; il faut que la femme soit mise à la disposition du mari.

Positions prises dans la thèse française.

I. — La base de la valeur normale est le travail humain.

II. — L'utilité et la rareté font varier la valeur normale

et la transforment en valeur courante, mais ne sont pas les bases de la valeur normale.

III. — L'échange est productif.

IV. — La valeur normale d'un objet n'est pas égale uniquement à la valeur du travail de l'ouvrier, la valeur des matières premières étant déduite.

DROIT CIVIL.

I. — Le père et la mère ne peuvent réduire leur enfant naturel, en vertu de l'article 761, à la moitié de sa part héréditaire, qu'avec son consentement.

II. — La personne pourvue d'un conseil judiciaire ne peut faire seule, par contrat de mariage, aucune espèce de donation à son futur conjoint.

III. — La reconnaissance d'un enfant naturel faite dans un testament authentique reconnu nul, est irrévocable.

IV. — Une condition mise à une donation peut être la cause impulsive et déterminante de la libéralité et amener la nullité de la donation, dans le cas où elle ne pourrait être exécutée.

DROIT CONSTITUTIONNEL.

I. — Le Sénat ne peut, par voie d'amendement ou autrement, créer de nouvelles dépenses et y pourvoir à l'aide de nouveaux crédits.

II. — Dans le régime parlementaire, les minorités doivent être représentées.

DROIT PÉNAL.

I. — L'intention de nuire n'est pas nécessaire, pour qu'il y ait lieu de punir la violation du secret professionnel.

II. — Le désistement du mari qui a dénoncé l'adultère de la femme, a pour effet d'arrêter la poursuite.

Vu
Le Doyen,
COLMET DE SANTERRE.

Vu :
Le Président de la thèse,
EM. ALGLAVE.

Vu et permis d'imprimer :
Le Vice-Recteur de l'Académie de Paris
GRÉARD.

TABLE DES MATIÈRES

DROIT ROMAIN

DROIT FRANÇAIS

PREMIÈRE PARTIE

CHAPITRE PREMIER

CHAPITRE II

CHAPITRE III

CHAPITRE II

CHAPITRE III

CHAPITRE IV

LES SYNDICATS OUVRIERS

TROISIÈME PARTIE

Le mode de rémunération du travail, dans la société collectiviste.

CHAPITRE PREMIER

QUATRIÈME PARTIE

CHAPITRE PREMIER

Imp. G. Saint-Aubin et Thevenot, Saint-Dizier, (Haute-Marne), 30, Passage Verdeau, Paris,